RADICAL LOVE: From Separation to Connection with the Earth,
Each Other, and Ourselves
by Satish Kumar



Japanese translation rights arranged with
Cecile B Literary Agency
through Japan UNI Agency, Inc., Tokyo

# ラディカル・ラブ

分断から、つながりへ
愛の時代が、今、始まる

すべてのよき思考、
言葉、行動を
愛の糸が貫いている

All good thoughts, words, and actions are threaded with love!

*ビノーバ・バーベ

真に愛するものによって、
静かに、強く、
引き寄せられよ

Be silently drawn by the stronger pull of what you really love.

*
ルーミー

目次

装画　長井朋子
日本語題字　辻信一

# はじめに

危機にあっては常に、尊き道を行け
共感と勇気と愛の道を
——アミット・レイ*

引力と愛は、同じ現実の二つの側面です。それらは共に、このかけがえのない地球と驚異的な宇宙を成り立たせている原理なのです。引力の方は物理的な外界を、そして愛の方は、私たちの内なる精神的な世界を司っています。引力は私たちの物質的な存在としての私たちを、愛は精神的な存在としての私たちを支え、養います。引力は肉体にとって、愛は心、魂、意識にとってなくてはならないもの。引力は計測できる物の世界に、愛は想像できる心の世界に関与する。引力は物の世界を支え、愛は物の世界に意味を与える。結局のところ、愛なしには、何もあり得ないのです。

愛を定義するのは容易ではありません。でも、私たちはみな、それぞれの心の奥で、その意味を感じとっている。私自身はと言えば、愛こそが、すべてのよきつながり、創造的な関係性の土台だと思っています。愛は、家族、友人、同僚、共同体、仲間などのつながりに、強固な基盤を提供します。愛は、共感、優しさ、思いやり、礼儀、協力の源泉。人間らしさ、謙虚さ、もてなしの心、調和なども また、愛によって育まれます。

愛の欠如は、戦争、紛争、競争、搾取、支配、そして人間や自然の征服につながります。軍国主義、軍拡競争、社会不安、そしてあらゆる種類のせめぎ合いは、愛のないところに生じます。愛がなければ、貧困、不平等、不公正、人種差別、カースト制や階級対立が生じるでしょう。世の中を暗くする偏狭なナショナリズムや不快な人種差別、卑屈な性差別の暗雲を振り払って、明るい光をもたらすのも愛です。愛こそ、分断や孤立の終わりを、つながりと相互理解の始まりを告げるもの。団結や調和を生みだすのも、愛。

愛こそがすべての問題に対する唯一の解決策であることを私は発見しました。どんな問題であれ、愛こそが完璧な答えなのです。高慢、貪欲、怒り、恐怖といった心の病も、愛による癒しの力で治療することができます。愛は、過剰なエゴや不安、うつ病や絶望を治す薬です。愛のない人生とは、水のない井戸、魂のない体、意味のない言葉のようなもの。人生の真の目的、それは愛することです。愛があれば、人はわがままな心を感謝に満ちた心へと変換できます。「所有」は「つながり」に、「きらびやかさ」は「優美さ」に、とって替わるでしょう。何かに執着する代わりに、関心をもって、関与することができるのです。

私自身、これまでの人生を通じて、数え切れないほど多くの人々からの、無条件で無制限の愛に恵まれてきました。その豊かな愛によって、私の身体と精神、そして魂のあらゆる部分が育まれてきました。私の人生の伴侶であるジューンは、この五十年間、愛の泉のような存在でした。私たちが出会ったのは、一九七一年、ロンドンのトラファルガー広場にあるセント・マーティン・イン・ザ・フィールズ教会の地下聖堂でした。私は一目で恋に落ちました。そのとき、私はカバンに往復航空券を入れて、ヨーロッパに短期滞在中でした。ジューンと出会った私はその航空券をキャンセルし、インドでの生活を捨て、ロンドンでジューンと一緒に暮らすことになったのです。一緒に詩を読み、一緒に編集の仕事をし、一緒に庭づくりをしました。一緒に料理をし、散歩しました。ジューンと出会うことで、私の人生における愛は生きた現実となったのです。

古代から、現代に至るまで、すべての偉大な賢人や改革者たちにとって、共通のテーマは愛でした。ブッダからキリストまで、マハヴィーラからムハンマドまで、老子からダライ・ラマまで、マザー・テレサからマーティン・ルーサー・キングまで、マハトマ・ガンディーからネルソン・マンデラまで、そして、ジョーン・バエズからジョン・レノンまで。これらの師たちの教えをひと言で表すなら、それは愛。

愛は、宗教的、精神的な理想ですが、それにとどまるものではありません。愛は人間の想像力にとっての栄養源なのです。偉大な詩人や画家は、つねに愛という共通の物語からインスピレーションを受けてきました。シェイクスピアは一五四編のソネットでその情熱を表現し、戯曲の中で愛の不滅の力を無数の方法で表現したことは言うまでもないでしょう。トルストイからタゴール、ゲーテからゴヤ、プーシキンからピカソ、ブレイクからボッティチェリ、ルーミーからラスキンまで、愛によってインスピレーションを受け、力を得た作家、詩人、芸術家のリストには限りがありません。自然への愛であれ、人間への愛であれ、神への愛であれ、愛の種子こそが、文学や芸術の木々へと育ってゆく。最良のときにも、最悪のときにも、私たちは愛によって生きるのです。

そして今、私たち人類の存在そのものが脅かされるこの危機の時代を生き延びるために、愛こそが決定的な役割を果たすことになるのです。

母アンチーから、最愛の妻ジューンから、マハトマ・ガンディーから、わが師ビノーバ・バーベから、そしてエコロジーのために共に闘う同志たちから、『リサージェンス』誌を支えてくれた仲間たちから、私は愛の豊かさを学び、彼らの愛を迎え入れてきました。言わば、私の魂は心地よい愛のモンスーンに浸されたのです。本書は、私が受けとってきた貴重な教えと経験の意味を自分の内で蒸留させたものと言えます。

謹んで、読者のみなさんにこの本を捧げます。

サティシュ・クマール

日本語版への序章

# 愛こそが自然、愛こそが答え

Love Is All

愛あるところ、いのちあり
Where there is love, there is life.

*マハトマ・ガンディー

自然とは何でしょう？　森、花、山、湖、そして動物。人間も自然です。空を飛ぶ鳥と同じように、私たちの誰もが自然です。私たちはみな、土、空気、火、水でできている。だから、自然を愛するとは、生きものばかりではなく、万物を愛することなのです。愛とは、いのちというものを、シミがあろうと、イボがあろうと、すべて受け入れることです。痛みも快楽も、得るものも失うものも、浮き沈みも、喜びも苦労も、すべて平静に、怒りも恐れもなく受け入れること、それが愛。恐れを手放すこと、それが愛です。

愛とは、すべての期待を捨てて、展開し続ける人生に参加することです。対話、思いやり、コミュニケーションなどを通して、私たちは変容し続けます。

「善悪を超えたところに野原がある。そこで会おう」

詩人ルーミーのこの詩句のように、「私たち／彼ら」の違いを超えたところに、批判や不平不満を超えたところに、私たちが出会うべき野原がある。愛し合う者たちはそんな愛の場で出会うのです。愛の庭には、互いに与え合い、助け合う互恵の花が咲きます。愛は私たちを寛大にする。そして、利己から相互利益へ、共通の利益へと私たちを運んでくれます。愛は寛容で大らかな心を育みます。

自然への愛には、すべての人、すべてのものが含まれています。私たちは暗い夜と同じように、明るい太陽を愛します。春、夏、秋を愛でるように、冬を愛でる。宗教、国籍、人種、政治的信条に関係なく、全人類を愛する。愛するがゆえに、他者を裁いたり、決めつけたりする自分を超えることができる。私たちはいろいろな意見、多様な真実、さまざまな伝統を愛する。愛は分断を多様性に変え、その多様性の中に私たちは全生命の調和を見るでしょう。多様性《ダイバーシティ》と調和《ユニティ》は、手に手をとり合って踊るもの。その両方を私たちは讃えます。

自然を愛し、生きとし生けるものを愛する私たちは、誰にも危害を加えません。決めつけや差別は傷つける。憎しみは傷つける。愛は癒す。憎しみは地獄。愛は天国。地獄と天国は、私たちの大切な地球という惑星を超えた、どこか別の場所のことではありません。憎しみで満たされているとき、あなたは地獄に降り立ち、愛で満たされているとき、あなたは天国にいる。そう、それほど単純なことなのです。

人間を殺したり、憎んだりすることが許されるほどの大義などありません。愛は戦争を禁じています。祖国や祖先の名においてもダメ、宗教や人種の名においても、政治信条の名においてもダメなものはダメ。愛の国にはただ一つの掟があります。それは、「傷つけるな!」。自分自身を傷つけるな、他人を傷つけるな、自然に害を与えるな。有害な考えも、有害な言葉も、有害な行動もいけません。

自然に害を与えない。つまり、商業的利益のために熱帯雨林を破壊してはいけない。工場のような農場で動物を残酷に扱ってはいけない。自然を愛する者たちが、気候の破綻を引き起こすなどということがあるでしょうか。埋立地に山積みになった廃棄物、母なる海を窒息させるプラスチック、神聖な土を汚す有毒化学物質、自然への愛とはまったく相容れないことばかりです。自然を愛する者は、自然に害を与えないことを誓い、自然本来のあり方を尊重しなければなりません。

自然は、消費主義、物質主義、浪費的ライフスタイルのための単なる手段や資源ではありません。自然への愛の欠如は、際限のない経済成長、産業主義、乱開発の追求を引き起こす。自然に対する真の愛は、簡素で美しい生き方として表れます。経済的に肥満してしまった国々では、脱成長という薬だけが、人々の健康も、自然の健康も回復してくれるでしょう。

自然は生命のないモノではありません。自然は聖なるもの。自然は尊い。自然は商品ではない。自然は生物の共同体。自然は意識。詩人ウィリアム・ブレイク*の言葉を借りれば、「想像力のある人間の目には、自然は想像力そのもの」なのです。

生態系の危機もまたすべて、自然に対する愛の欠如によって引き起こされています。自然を愛するとき、私たちは大地、空気、火、水を愛している。食べもの、花、農場を愛している。私たちは奇跡のような母なる地球を愛します。いのちの惑星ガイアへの愛に導かれていれば、私たちは自然を大切に守り、保全して、決してそれを傷つけたり、壊したりすることはないはずです。

真に自然を愛するとき、私たちは人間中心の偏狭な世界観から抜け出して、生命中心の世界観を受け入れます。愛のエコロジーは〝深い《ディープ》エコロジー〟。〝浅い《シャロー》エコロジー〟が考えるように、人間は自然の上位にあるわけでも、自然より優れているわけでもありません。私たちは自然の不可欠な一部なのです。森林、河川、動物の価値は、人間にとっての有用性《ユースフルネス》という観点で計ることはできないし、計るべきでもありません。自然にはそれ自体の内在的な価値がある。その自然と生命に対する深い畏敬の念を、私たちは培わなければなりません。その畏敬の念に基づく自然への愛が、「スピリチュアル・エコロジー」というものです。

先住民の文化では、私たちが人権を信じるように、自然の権利を信じています。彼らの知恵に学んで、私たちもいのちを愛し、人々を愛し、祖先を愛し、未来の世代を愛することです。行動を起こし、何かを建設したり、発明したりする前に、私たちは未来の世代のことを思い、自分たちの行為が彼らの人生にどのような影響を与えるかを考えるべきなのです。北米の先住民は、七世代先の幸せを配慮して行動するといいます。美しい地球、汚染されていない、枯渇してもいない、清らかな地球を、未来の世代に残すべきだと彼らは信じている。毎日、彼らはこう祈ります。

「未来の世代がよい人生を送れますように」

未来の世代の幸せのために、私たちは生物多様性と同じように、文化の、経済の、政治の多様性、そしてさらに、真実の多様性を愛しましょう。全世界で一つの言語、一つの宗教、一つの政治イデオロギー、一つの経済システムというのは、あまりにも単調でつまらない！

たとえばこの私は、全人類に、すべての兄弟姉妹に、そのすばらしき多様性に深い愛を捧げます。黒人であろうと白人であろうと、共産主義者であろうと資本主義者であろうと、イスラム教徒であろうとキリスト教徒であろうと、ユダヤ教徒であろうとヒンドゥー教徒であろうと仏教徒であろうと、その他どんな宗教に属していようと、アメリカ人であろうと、ロシア人であろうと、中国人であろうと、イラン人であろうと、ウクライナ人であろうと、パレスチナ人であろうと、イスラエル人であろうと、その他のどんな国の人であろうと、私は彼らを愛します。

すべての人に対する私の愛は無条件です。ありのままの彼らを愛します。王であろうと乞食であろうと、司祭であろうと囚人であろうと、聖人であろうと罪人であろうと。たとえ彼らが完璧でなくても。愛の力によって、私たちは互いに助け合うでしょう。愛の錬金術によって、私たちは互いを変容させる。共に成長し、進化し、超越するでしょう。愛の錬金術は平凡を非凡に変えるのです！

愛は人生に意味を与えます。愛がなければ人生は無意味です。

愛は変化を起こします。憎しみは殺します。憎しみは、背負うには重すぎる荷物。心に憎しみを抱くか、それとも魂に調和をもたらすか。選ぶのは私自身、私一人です。愛は一方的に実践されます。相手が先に愛してくれるのを待ったりしない。最初の一歩を踏み出すのは私。イニシアチブをとるのは私。私は愛に憑かれているのです。そして私は愛の美酒を飲みほします。

自分が気に入っている人を愛することはもちろんよいことです。友人や家族を愛するのもいいこと。同僚や仲間を愛するのもいい。ただ、それは「穏健《モデレート》な愛」です。私たちの人生には、日々そうした愛が必要です。一方、嫌いな人や意見の合わない人をも愛することが、「ラディカル・ラブ」です。意見が違うこと自体は悪いことではありません。さまざまな意見や考えをもつことはよいこと。でもラディカル・ラブは一歩進めて、互いを嫌うことなく、異なる意見を示し合うのです。

愛とは、生きることであり、生かすことです！　理性的、知的、現実的であることを自負する高学歴の人々は、なぜ戦争をすることができるのでしょう。何万人もの罪のない市民、弱い立場の子どもたち、妊娠中の母親たちを殺し、傷つけることを、どうして正当化できるのでしょうか？　私たちは、ベトナム、イラク、アフガニスタン、そして他の多くの国々で、戦争の無益さと無惨さを目の当たりにしてきました。今、ガザとウクライナでは、同じ愚かさが甚大な苦しみと環境悪化を引き起こしています。これらの戦争は気候変動という破局にも大いに寄与しています。

各国の政府は市民のための学校、病院、住宅に使うには十分な資金がないと言う。でも戦争には十分な資金があるようです。国防の名の下に、何億、何兆というお金が爆弾や無人機に費やされている。「目には目を」をやっていれば、しまいには全世界が盲目になるという事実を忘れているのです。真の防衛手段、それは愛です。「隣人を愛すること」こそが、自衛と国防の究極の戦略なのです。世界各国の政府は、年間二兆ドル以上の軍事予算を費やしている。戦争はお金がかかり、無駄だらけで、危険。でも平和は安上がり、エコロジカル、実用的、簡単、そしてとても安全です。

隣人を憎めば、そのしっぺ返しを受け、隣人を愛せば、助けられます。「平和への道はない、平和こそが道なのだ」とマハトマ・ガンディーが言った通りです。友人と話すのは楽しいことですが、敵対者や反対者と話すのも必要なこと。話すことで平和は可能になります。そう、平和は可能なのです！

政治は愛の一分野。外交もまた愛の一分野です。巧みな交渉術とは、双方にとって有利な結果を得ること。それが真の政治であり、本来の外交というものです。戦争指導者は、政治家としても外交官としても失格なのです。

アメリカとロシアの大統領、そしてパレスチナとイスラエルの指導者に問いたい。あなたが未来の世代のために遺したい遺産は何ですか。それは戦争と憎しみという遺産ですか、それとも愛と友情という遺産ですか、と。

イスラエル、パレスチナ、ウクライナ、ロシアにいる私の愛する兄弟姉妹たちよ、どうか隣人たちと一緒にお茶を飲みながら、互いに語り合ってほしい。一杯のお茶は愛の杯であり、平和の杯です。あなた方は戦車や爆弾をためし、何度も、何度も、その惨めな結果を見てきました。今度はぜひお茶をためしてみてください！　一杯のお茶を一緒に飲むことのもつ力に、驚くはずです。私はあなた方を愛しています。だからあなた方が苦しむのを見たくない。戦争は、あなたが相手に苦しみを与えるのと同じくらい、あなたにも苦しみをもたらすでしょう。お願いです、どうか自分を愛してください。自分に優しく、他人にも優しく。優しさがすべてです。結局のところ、戦争とは自己憎悪のゲームなのです。

「戦争指導者」ではなく「平和指導者」を目指しましょう。知恵は愛につながり、愚かさは戦争につながります。戦争は醜く、平和は美しい。愛の鍵で平和の家の扉を開けましょう。憎しみは扉を閉ざし、愛は扉を開く。憎しみは分断し、愛はつなげる。第一に愛《ラブ・ファースト》、その次に真実。私たち一人ひとりにはそれぞれの真実があり、それぞれの見方があります。しかし、愛は私たちすべてに共通しています。愛を通して真実を求めましょう。ラブ・ファースト、その次に民主主義。民主主義にはさまざまな形があります。民主主義には左翼もあれば右翼もある。民主主義が独裁者や戦争屋を選んだりすることもある。愛こそが民主主義をすばらしいものにするのです。愛なき民主主義は不十分。愛はすべての美徳の母。さあ、愛しましょう！　地球を、人々を、自分自身を。

何十万人もの軍服を着た男女が、他人を殺し、他人に殺される戦争が始まるのをじっと待ちながら人生を過ごしています。軍隊にいなければ、畑で食べものを育てたり、家を建てたり、詩を書いたり、さまざまな有益で生産的で創造的な活動に従事していたでしょうに。軍隊にいるとは、なんという時間といのちと才能の無駄づかいでしょう！

自由の名の下に戦っているみなさん。私はあなたの勇気と献身に大きな敬意を表します。でも私は、自由を希求するあなたの闘いに、非暴力と愛の力を活かすことを強くお勧めしたい。マーティン・ルーサー・キングとマハトマ・ガンディーが示してくれた、最高の模範に倣ってください。愛の倫理的パワーは、爆弾の暴力的な力よりも大きいのです。他者に苦しみを与えるよりも、自分自身に苦しみを受け入れる方が優れています。そしてその方が勇敢なのです。爆弾によって得た自由は、爆弾によって維持されるしかない。しかし、愛によって得た自由は、愛によって維持されます。

みなさん、愛し合おうではありませんか。例外《エクセプション》なしに、期待《エクスペクテーション》もなしに。そして、あなた自信を愛してください。例外なく、期待することもなく。

完璧でない自分を私は愛しています。自分を愛することは、他者を愛し、世界を愛するための第一歩です。自分への愛は利己的でも、エゴイズムでもありません。私は自分自身の中に全世界を見、全世界の中に自分自身を見る。私は大宇宙の内の小宇宙。世界がある、故に我あり。言語、芸術、建築、宗教、哲学、食物、その他多くのものが私にやってくる。それらはすべて、世界からのありがたい贈りもの。私は謹んで、謙虚に、世界をあるがままに受け入れ、自分自身をもありのままに受け入れます。

人間は誰もが唯一無二の存在です。私と同じような人間は他にいません。私は、食事を用意し、自分の身の回りの世話をして、自分を大切にする。だからこそ、他者を愛し、大切にし、他者に食事をふるまうこともできる。自分への愛と自分についての学びを通して、私たちは自己実現、つまり、自分の内なる可能性を解き放つことができるのです。自分自身へと向けられた内なる《インティメット》愛と、この宇宙全体に向けられた至高の《アルティメット》愛は、実は、同じコインの裏表なのです。

愛とは我欲《エゴ》を手放すことです。エゴは分離する力、愛はつなぐ力。愛は私たちをエゴからエコへと導くでしょう。すべての戦争はエゴの結果です。個人のエゴ、国家のエゴ、思想信条《イデオロギー》のエゴが戦争を引き起こします。

一方のエコ、つまりエコロジーの考え方によれば、私たちはみな、同じ世界に帰属するものという意識でつながり、結ばれている。「私」と「私たち」のあいだに断絶はありません。「あなた」と「私」のあいだにも分断はない。「あなた」にとっていいことは「私」にとってもいいことであり、「私」の幸いは「あなた」の幸いです。

私たちはみなつながっています。私たちはお互い同士からできているのです。生命の網《ウェブ》は関係性のウェブ。それ自体で、あるいは、それだけで存在しているものは何もない。分子や原子でさえ、それ自体では存在し得ない。存在とは、関係性なしにはあり得ない。自然は孤立した現象ではない。そう、自然は結束している共同体なのです。「個体」も「個人」もあり得ません！

私たちはみな、愛という目に見えない糸でつながっています。アメリカ人であろうと、ロシア人であろうと、中国人であろうと、インド人であろうと、その他のどんな国の人であろうと、誰もみな、共通の人間性と、同じ家を共有しています。同じ家とは、そう、あの貴重で美しい惑星、人間が痛めつけてきてしまった星、地球です。

愛は生存のための仕組みです。愛して生きるか、あるいは、憎んで滅びるか、です。重力が私たちの物理的存在を支えているように、愛は私たちの人間関係を支えています。愛はすべての人間関係の引力なのです。

宇宙は私たちの国、地球は私たちの家、自然は私たちの故郷、そして愛は私たちの宗教です。これがエゴから離れた自由な心、宇宙的な心というものです。

すべての偉大な宗教に共通していることがあります。それらはすべて、愛という永遠の哲学を教えています。宗教の大河はすべて、愛の海へと流れ込みます。宗教は、教会や寺院やモスクやシナゴーグの中にあるのではない。バイブルやクルアーンやギーターなど、聖なる書物の中にあるのでもない。宗教は日々の愛の実践の中にあるのです。宗教はラベルではない。宗教とは愛の行為です。愛は万人に共通し、しかも誰にとっても特別なもの。

私たちはみな、永遠の愛に浸《ひた》っています。宇宙的な愛の遊戯に参加できるとは、なんて素敵なことでしょう。

愛に包まれているとき、私に敵はありません。相手を非難しないし、相手からも非難されない。私は地球の友。地球の生きとし生けるものはすべて、私の友。もし誰かが私に何か悪いことをしたなら、私はその人を惜しみなく許し、もし私が誰かに何か悪いことをしたなら、私はその人に許しを請う。愛と許しが私に安らぎを与えてくれます。憎しみは私にとってあまりに不快で手に負えません。

愛は幸せが住まう家。私はこう自分に言い聞かせます。

「幸せでありたければ、ただ愛すること。愛、愛、愛、いつでも愛！」

すべての問題を解決してくれるのは愛。愛はすべての疑問に対する答え。私たちを解放し、自由にしてくれるのは愛。私たちを貧困や不正から解放するのも愛。愛の欠如こそが、悪徳、不平等、貧困、悲惨、絶望の根本的な原因です。愛の光が、絶望の闇を払ってくれるのです。

もし私が億万長者だったとしても、心に愛がなかったら、その富に何の意味があるでしょう。もし私が大統領や首相だったとしても、愛の欠如に苦しんでいたら、その権力が何の役に立つというのでしょう。私が求めるのは愛の力であって、力への愛ではありません。

私は愛の子どもです。私は自然を愛しています。多面性と多様性に満ちた生命のパノラマを愛しています。自然を愛することは、いのちを愛すること、自分自身を愛すること、生きとし生けるもののすべてを愛することです。そこには「もし……」もなければ、「でも……」もありません。例外も言い訳もありません。愛の道を歩みましょう。愛こそが、現代世界の生態学的危機に、経済的、政治的、社会的、精神的な難問に対処するための、最も現実的で、実用的で、効果的な方法なのです。

答えは愛です。ところで、あなたの問いは何でしたっけ？

# 1章

# 愛はすべて

## Love Is All

愛は支配しない。愛は耕す

Love does not dominate; it cultivates.

ゲーテ

I

# 愛のモンスーン

## A Monsoon of Love

山を移すほどの強い信仰があっても、
もし愛がなければ、わたしは無に等しい

If I have all faith so as to remove mountains
but do not have love, I am nothing.

——コリントの信徒への手紙 13:2

人生とは愛で描かれた風景です。私たちは愛によって生を祝福する。愛は手段、そして同時に、目的。私たちの歩む道であり、私たちが目指す目的地。愛はゴール。そして同時に、愛は、私たちが今ここにいるそのあり方そのもの。そう、愛は生き方。愛へと向かう道があるのではありません。愛そのものが道なのです。

恋に落ちるのは一日だけの特別な出来事ではありません。恋は日常の出来事です。時々愛するのではない。いつも愛しているのです。休みなく、ずっと。目覚めた瞬間、私たちはお互い同士を、そして人生そのものを、愛の中に見出します。愛に終わりはない。愛はがまん強い。

愛は魔力です。私たちは永遠にその魔力に囚われています。愛とは、愛するというただそれだけのための愛です。それ以外には何の動機もない。愛は論理ではない。それは純粋の魔法なのです。純粋な詩、純粋な喜び。

愛は神聖です。愛は無限。愛は無条件。愛の力に押し流されるのを自分に許してあげましょう。愛する人が完璧でなくても愛する。それが真の愛というもの。善良な人、非の打ちどころがない人を愛するのは容易です。でも、本当の愛とは、そうでない人をも愛すること。批判、不平不満、比較から自由であること。それが愛。悪い行いをする者がいたら、愛されていないからそうするのだということを認識しましょう。普遍的な愛を実践するとはそういうこと。アメリカの詩人、W*・H・オーデンはさらに踏み込んで、こう言っています。

「悪の犠牲となった者は、そのお返しに悪を行う」

とすれば、愛される者は、そのお返しに愛するでしょう。愛のモンスーンを起こそうではありませんか。その慈雨が、生きとし生けるもののいのちの糧となるでしょう。自ら愛することによってのみ、他の誰かに愛し方を教えることができます。

キリストは「敵を愛せよ」と言いました。軽々しく言ったのではありません。「愛はすべてを征服する」と、彼は信じていたのです。愛によって、敵は友となる。愛は悪行の記録簿をつけたりしない。

愛は気弱な人に向いていない。愛には勇気が要るのです。片方の頬を打たれても、もう一方の頬を向ける勇気が。

愛するとは勇敢であること。愛の歌を歌いましょう。そうすれば、心配も悲しみもすべて消え去ります。愛の恍惚の中に生きる。愛に支えられて生きるのです。愛は受容。ありのままの自分を受け入れ、他者をありのまま受け入れることです。期待せず、あれこれ評価せず、資格を問うことなく、受け入れること。期待という重荷から自由な愛には、失望がありません。愛は、苦いものを甘いものと共に、暗いものを明るいものと共に、苦痛を快楽と共に、受け入れる。分け隔てない平静な心で受容する。心に愛がやってきた瞬間、幻想は想像力に姿を変え、別々だったものが一つになります。好きと嫌いの区別を超えて、私たちはありのままの人生を謳歌し始めるでしょう。

愛の甘い蜜を飲む。すると大きな変化が起こる。スーフィー教の詩人ジャラール・ウッディーン・ルーミーがこう表現しています。

愛は、苦いものを甘くする
愛は、銅を金にする
愛は、濁り水を清水にする
愛は、痛みを癒しにする

これこそが愛の変容力です。愛するとは、神を見ること。なぜなら神は愛であり、愛は神だから。愛はこの世で最も偉大な宗教。荘厳にして華麗。愛があるところには希望がある。だから、愛しなさい。喜びなさい。

どこから愛の旅を始めるのかって？　あなた自身から。キリストも、隣人を自分自身のように愛しなさい、と言っていました。この自分自身という言葉が鍵。自分を愛するように、他者を愛する。「他者」は自分の延長にすぎない、ということです。「自分」を愛することは利己的ではない。自分を愛せなければ、他者を愛せるわけがない。自分を愛せない人が、誰かに愛されることを、どうして期待できるでしょう。

ありのままの自分を受け入れ、ありのままの自分を愛すること。それが、誰かをありのままに愛するための前提条件です。私は私、相手は相手なのではない。愛する者たちはお互い同士からできているのです。

愛する者は敵意をもつことも、もたれることもない。愛する者に敵はいない。敵意は憎しみによって、友情は愛によってもたらされます。ミツバチが花を愛し、蜂蜜を生み出すように、愛する者たちは愛し合い、幸せを生み出します。愛こそが生きる理由。愛を通して、私たちは人生の意味を見出します。

ルーミーはこうも言っています。

「あなたがすべきことと、それは愛を探し求めることではない。探し、見つけるべきは、あなたが愛を封じるために、自分の中に築いてきたすべての壁」

生きるとは愛すること。そして、愛するとは危険を冒すこと。傷つくリスクもあるし、見返りに愛されない可能性もある。愛を〝もつ〟ことはできない。ただただ愛する人であることができるだけ。愛し合う関係は、あなたが愛する人であることの必然的な結果です。

愛は魂を目覚めさせます。愛は心を養う。愛は私たちの生を喜びで満たす。愛は最も美しい心のマントラ。愛という軟膏は、怒りや不安、恐れや嫌悪など、すべての傷を癒してくれます。

自分への愛、他者への愛、自然への愛は、切れ目なく連なっています。愛は誰にとっても、呼吸と同じくらい自然です。愛はすべてを包む。頭にフィル（愛）という言葉を被ったフィロロジー（文献学）、フィロソフィー（哲学）、フィランソロピー（慈善活動）などの言葉は、それぞれ、言葉への、知恵への、人類への愛を表しています。

より親密で性的な愛、それは性愛。恋に落ちて、愛する人を抱き、愛する人の腕に抱かれる。これはまたなんと美しいことでしょう。「アイ・ラブ・ユー」は、この世でいちばんパワフルで美しい一文かもしれません。同じ相手でも、毎日恋に落ちることができるし、またそうすべきです。一人を愛することは、みんなを愛することに通じる。恋に落ちる、それは奇跡。私たちは誰もみな、愛し合う行為のおかげで生まれてきました。誰もがラブ・チャイルド、愛の子ども。原罪だって？　いや、あるのはただ〝原愛〟だけ。

愛は私たちを、理性の、知性の、表現や描写のさらに先へと連れていく。詩人、芸術家、神秘家《ミスティック》は、官能的な愛を、肉体で、感情で、想像で、そして魂で経験します。ロマン派の詩や芸術は、お互い同士の心の結びつきを、自然との、そして人間とのつながりを祝福します。愛は私たちを、善悪を超えた場所へと、大らかで広い心に溢れた場所へと、導いてくれます。それはいのちへの深い愛。必要なのは愛だけ。いずれにせよ、愛がすべてなのだから。

あなたへの答えは、愛。あなたの問いが何であれ。

2

# すべてを愛するということ
## ガンディーとサルヴォダヤの思想

Love for All

真心があるなら、
いつもそれを愛と共に差出すこと
さもなければ、差出人のあなたも、
せっかくの好意も、拒絶されるだろう

Whenever you have truth, it must be given with love,
or the message and the messenger will be rejected.

——マハトマ・ガンディー

ひとたび心の扉を開けば、私たちの愛は社会的な愛、政治的な愛、生態学的な愛などとなって、広い世界の隅々へと流れ込んでいくことができます。私自身の人生では、マハトマ・ガンディーから受けた深い影響のおかげで、親密《インティメット》な愛と究極《アルティメット》な愛とのつながり、個人的な愛と政治的な愛との一体性に気づくことができました。ガンディーのシンプルなひと言、「愛を捧げます」に、私たちの誰もがすべきことが示されていると言ってもいい。

ガンディーこそが、ラディカル・ラブのチャンピオンです。彼が望んだのは、愛が人間生活のあらゆる面に浸透し、人間のすべての活動が愛に導かれること。個々人の暮らしだけでなく、社会全体もまた、愛を組織原理とすべきだと彼は考えました。愛には国境も、障壁も、限界も、条件もない。彼は言いました。「愛あるところにいのちはあり、愛あるところに光はある」、と。

愛は人間関係の基本だという考えを、多くの人々が受け入れ、唱えてきました。すべての宗教、そしてほとんどの哲学的伝統が、個々人の行動を導く原理としての愛を説き、奨励してきました。しかし、マハトマ・ガンディーはそこにとどまらず、愛こそが、政治的、経済的、そして商売における行動の動機であるべきだと信じていたのです。

友人や家族のあいだで愛を実践することはよいことだが、それだけでは十分ではない。愛は、家庭、寺院、修道院などという閉じられた場所から、外へと解き放たれなければならない。愛は政治家や権力者のいる場所や、お金や物がやりとりされる市場《いちば》でも実践されるべきだ、と。

農業、教育、医療、芸術、工芸など、私たちのすべての活動は、愛という土台から生まれます。私たちの仕事はすべて、愛が目に見える形をとった表現であるべきです。教師は生活費を稼ぐためだけでなく、子どもを愛し、教えることを愛しているから教える。生計を立てることは目的ではなく、子どもたちに奉仕するという真の目的のための手段にすぎない。同様に、医者は病人を癒すという仕事への愛のために医術を磨く。農家は飢えた人々を養う仕事への愛のために食料を生産する。政治家は人々に奉仕することへの愛のために政治に携わり、商人は地域社会のニーズに応える仕事への愛のために商売に携わる。どんな職業にもこの真の目標が必要なのです。

そんなふうに、社会のあらゆる領域に愛をもち込むために、マハトマ・ガンディーは「サルヴォダヤ」という考え方を編み出しました。この言葉には、すべてのものの健康や幸福、すべてのものへの愛など、多くの意味が含まれています。ここでいう〝すべてのもの〟とは、生きとしいけるもの、いのちあるもの。一部に限定されないあらゆるレベルに及ぶ調和をこの言葉は表しています。

功利主義、社会主義、資本主義のような政治哲学や思想では、人間の生命を他のあらゆる生命よりも上位に置いています。また、そこでは、人間の生命が陸や海の動植物の生命よりも優れているので、人間には、人間以外の生きものを支配し、搾取し、好きなように利用する権利が認められている。この人間中心主義の考え方は、サルヴォダヤを支えているガンディーの非暴力と愛の哲学とは対照的です。彼によれば、すべてのいのちには本質的な価値が備わっているのだから、それが人間以外の生命の価値を、人間に役立つかどうかで計ることなどできません。こう言ってもいいでしょう。すべての生命に対する畏敬の念こそが、サルヴォダヤの基本原理だ、と。

マハトマ・ガンディーは、最大多数の最大幸福という功利主義の考え方を拒否しました。政治や経済の政策というものは、単に多数者のためではなく、すべての者たちの幸せのためにつくられなければならない。いかなる政治思想も社会哲学も、特定の生命にだけ高い地位を与えることなく、すべてのいのちの尊厳を重んじなければならない。そこには人間だけでなく、人間以外のいのちも含まれます。私たちの愛は、動物、植物、そしてその他あらゆる生命を包みこみます。農薬やプラスチックによる海や川の汚染は、水とそこに生きる生命に対する暴力に他ならない。過剰な炭素の排出や温室効果ガスによる大気の異変も同様に、私たちの地球への愛が欠けていることを示しています。森林破壊、農場という名の工場で横行している動物への虐待、除草剤や殺虫剤などの〝農薬〟による土壌汚染……、これらはみな、愛の欠如がもたらした結果です。生物多様性が減少していくのも、私たちの優しさと思いやりが減り続けてきたせいなのです。

すべてを包み込むサルヴォダヤの哲学は、自然を尊重し、自然に見習うことによって、自分たちの態度や心を変えていくべきだと考えます。西洋近代の思想のように、世界を人間とそれ以外とに分断する二元論の見方でとらえる代わりに、世界を生命の連帯と調和の場としてとらえる。こうした内面的な変革があればこそ、人間の行動を変えることも可能になるでしょう。

進化論の科学によれば、すべての生命は同じ一つの源から生まれ、進化してきました。

だから、人間にとって、海や森は故郷、動物たちは祖先に他ならない。生きとし生けるものはみな、土、大気、火、水、空間という同じ五つの基本要素でできています。

サルヴォダヤ思想は、分離《セパレーション》の物語に別れを告げ、つながり《リレーション》の物語を受け入れ、抱きしめます。私たちはすべてつながっている、という物語。一体性と多様性は矛盾しないばかりか、互いに補完し合うもの。進化とは、一体性から多様性へと向かう旅。それは決して、分離や二元論へと向かって降りてゆく旅ではない。多様性とは、分断や分裂のことではない。多様性とは、一体性や連帯や団結を祝うこと。あらゆる姿や形からなる多様なものたちは、複雑に絡み合う生命の網《ウェブ》によってつながり、互いに関わり合っています。生命愛、地球愛、自然愛によって生きる私たちは、地球上のすべてのいのちを、差別することなく、自分本位の評価を下すことなく、例外なく、大切にするでしょう。

人間と自然とを分断する二元論の考え方は、一つのグループの人々を、もう一つのグループから切り離し、差別する考え方と同類です。カースト、階級、国籍、政治信条、ジェンダー、人種、宗教、ライフスタイルなどの名の下に、私たちは人々を分断してしまいます。そして、あるグループを他のグループより上位に置く。人間の多様性が人間の分断にすり替えられてしまうのです。それは、競争を、紛争を、そしてしまいには戦争を引き起こすでしょう。政治は、ある特定のグループの利益のために行われるようになる。ある国の国益は、他国の国益と相反するものと見なされる。階級間の対立は、階級闘争につながるでしょう。労働者階級の福祉は、経営者たちの福祉に反するものとされます。これらはすべて、分離を基本とする二元論的な政治思想が行きつく先です。

一方、サルヴォダヤの考え方によれば、人間同士の利害の衝突は、私たちの心が受けてきた〝訓練〟の結果にすぎません。もっと広い視野に立って見れば、すべての人間は共通の利害で結ばれています。誰もが拠って立つ共通の土台、それが愛。すべての人が幸せを、健康を願い、他の人たちとも、地球とも仲よくしたいと望んでいます。だから、愛を土台にした意識をもつことで、私たちは自分の幸せを他者と分かち合えるでしょう。お互いを思いやり、地球を大切にするでしょう。例外をつくることなく、すべての人の利益になるような政策を立案するでしょう。意見の異なる者をも愛する、それがサルヴォダヤの原則。国境なき愛、差別なき愛！　人の心を掴むことにかけては、どれほど多くの爆弾や武器も愛にはかなわない。ガンディーが教えてくれた通り、私たちは〝愛で征服する〟のです。

「すべての人」というガンディーの言葉はあまりに広く漠然としている、と思う人もいるかもしれません。政治的に何かを決定することが、そんな漠然としたことでできるのだろうか、と。こうした疑問にも、マハトマ・ガンディーは答えてくれます。政策をつくり、政府予算から資金を配分する際、私たちは、その決定によって誰が恩恵を受けるのかを問わねばならない。もしある決定が最も貧しい者、最も弱い者、社会で最も恵まれない人々のためになるのであれば、それは万人への愛を反映していると言える、と。大金持ちや大企業がもっと儲ければ、富は下の方にいる貧しい者たちのところにも〝滴り落ちる〟という「トリクルダウン理論」を、ガンディーは否定しました。広がるばかりの社会的不公正や、恵まれない人々からの搾取に終わりを告げるために、私たちは、愛の経済学と愛の政治学に基づく行動を、直ちに起こさなければなりません。

地球全体への愛という点でも、マハトマ・ガンディーにはシンプルな公式がありました。もし人間の活動が、ゴミを生み出したり、大気や水や土壌の汚染をもたらしたり、動物に苦痛を与えたりするのであれば、それは私たちの地球への愛に反している。さらに、私たち人間に必要なのは謙虚さだ、と彼は説いている。自分たちのとめどない欲望を追い求めるために自然資源を搾取するのではなく、本当のニーズを満たすのに十分な量だけを、感謝の気持ちをもって、自然界からいただくのだ、と。ガンディーは言いました。

「世界には、誰もが必要《ニード》とするものは十分あるが、誰かの貪欲《グリード》のためのものなどありはしない」

自然は単なる経済のための資源《リソース》ではない。自然は生命の源《ソース》なのです。

地球への愛とは、現実の行動として地球を思いやり、大切にすること。これは何も高尚な理想などではありません。それは現実的で、実用的な政治の話。分裂や分断、対立や競争の政治は、無用な軋轢を生むばかりで、かえって逆効果だということは、歴史上、幾度となく証明されています。特定の集団の利益のために他の集団の利益を損なったり、人間の利益のために自然を犠牲にしたりする政治は、これまで何度も試みられては失敗してきました。マハトマ・ガンディーはこう信じていました。

「愛に基づく権力《パワー》は、罰を受ける恐怖の上に立つ権力より、千倍も効果的で永続的だ」

だから、その「愛の政治」に一度チャンスを与えてほしい、と彼は求めたのです。

至高の愛などと言えば、それはスピリチュアルで宗教的な理想だと思うかもしれません。

でも、ガンディーにとってはいたって日常的で実用的なものでした。いや、彼にとって、現実とスピリチュアルとを分け隔てるものなどありはしなかった。環境問題、個々人が抱える不幸せ、社会的分断、経済的格差、国際紛争、人種差別……、その他、多くの差し迫った問題を解決するための方策は、あの偉大なひと言の中にちゃんと入っています。それは〝サルヴォダヤ〟、「すべての人に愛を」、というひと言です。

3

## いのちと愛の一体性

Unity

いのちの一体性《ユニティ》を経験する者は
すべての存在の中に自分自身を見、
自分自身の中にすべての存在を見る

Those who experience the unity of life
see themselves in all beings,
and all beings in themselves.

——ブッダ

私たちの時代を支配するのは、「分離の物語」です。分離とはまず何よりも、人間を自然から切り離すこと。私たちはいつの間にか、〝自然がそこにある〟と考えるようになった。丘、川、海、森、動物、鳥などはみな、〝そこにある〟自然の一部。そしてこれらはすべて、人間にとっての必要性に応じるためにそこにあるのだ、と。科学の、技術の、産業の、そして経済の目的は、自然を征服して、それを人間にとって有用《ユースフル》なものにすること。自然は人間の欲求《ニード》はもちろん、人間の貪欲《グリード》にも奉仕しなければならない。自然に何をしようと人間は自由だ。熱帯雨林を伐採する。海の生きものを乱獲する。食肉工場で動物を屠殺する。化学物質で土を汚染する。快楽や気晴らしのために野生生物を殺す。こうした分離の物語によれば、自然に魂はなく、知性も記憶もない。自然はいのちではない。自然は機械なのです。

自然《ネイチャー》という言葉のもともとの意味は「誕生」。生まれてくるものはすべて自然です。母親が出産の前後に受ける、検診を表す英語の表現にある「ネイタル」も、そう。ネイタル、ネイチャー、ネイティブ……、これらの英単語はすべて「生む・生まれる」という意味の同じ語源から来ています。他の生きものと同様、人間は種《シード》から生まれる。そう、私たちは、木やトラやカメがそうであるように、自然の一部です。自然は私たちに属しているのではなく、私たちが自然に属しているのです。

新たな物語が生まれつつあります。それは一体性《ユニティ》の物語。その物語の中で、私たちはみな、地球共同体という一つのコミュニティの一員です。*アルド・レオポルドはこれを、〝生きものたちのコミュニティ〟と呼びました。すべての生物種は、人間も、人間以外もみな、同じ要素に支えられて生きています。誰もが同じ空気を吸い、同じ水を飲み、同じ太陽で体を温め、同じ土から食べものを得ています。それなのにどうして、自分たちを自然とは別の存在と呼べるのでしょう？　どうして自分たちを、自然の支配者などと言えるのでしょう？

母なる大地と父なる空について、語り伝えてきた先住民の文化があります。その物語の中では、四本の足をもつ者たちと、一対の羽をもつ者たちを兄弟姉妹とみなし、人間と同じ地球家族のメンバーたちだと考えました。ある者は地上に住み、ある者は空を飛び、またある者は水中を泳ぐ。そんな違いはあっても、結局のところ、生命全体は一つであり、ただそれが何百万もの多様な姿や形をとり、それぞれの機能を備えているにすぎない、と。

多様性とは、一つの生命が華やかに繰り広げるダンス。生命の一体性は、この多様性のダンスによって自らを讃え、祝福しているに違いありません。みんながつながって、関係し合っている。誰もが自然界の欠かすことのできない一員です。地球はそんな私たちみんなにとっての共通の故郷《ホーム》なのです。

分離という古い物語は、人間同士の関係全体を蝕んでいます。国籍や宗教の名の下に、あるいは肌の色や人種を口実に、私たち人間は偏狭な利己主義の高い壁を築いて、一つの国家と別の国家、一つの宗教と別の宗教というふうに人間同士を分け隔ててきました。アメリカの国益はロシアの国益と相反している、インドとパキスタン、中国と日本、その他多くの国同士も互いの利害は相容れない、と考えられている。でも、私たちは根本的な真実を忘れてしまっているのです。私たちは、アメリカ人であるかロシア人であるか、イスラエル人であるかパレスチナ人であるか、ヒンドゥー教徒であるかイスラム教徒であるか、シーア派であるかスンニ派であるか、カトリック教徒であるかプロテスタント教徒であるか、黒人であるか白人であるかという前に、人間という一つの〝部族《トライブ》〟のメンバーであるという真実。国籍がどうであれ、宗教が何であれ、私たちはみな人間です。皮膚の下には同じ血液が流れている。量子論の次元でいえば、私たちはすべて陽子であり光子なのです。

新しい物語、それは根源的《ラディカル》な多元主義の物語。文化、肌の色、国籍、宗教、信仰、思想信条が、多様で多彩であるのはなんと素敵なことでしょう。この地球に生きる八十億人が、一つの言語、一つの宗教、一つの政治、一つの経済しかもたなかったとしたら、なんとつまらないでしょう。生物の進化も多様性へと向かいます。生物多様性と同じように、人類もまた、宗教的な、文化的な、政治的な、経済的な多様性、そして真理と言語の多様性へと向かうようにできている。さあ、千の花を咲かせましょう。百万の心を自由に羽ばたかせようではありませんか。

地球は豊かさに溢れています。そこには、誰もが自分に必要なものを得て、それに感謝しながら生きることができるだけの豊かさがあります。不安に怯えたり、争ったりする必要はありません。国益という古臭くて偏狭な物語の代わりに、人類共通の幸せという新しい物語を掲げましょう。古い分離の物語に別れを告げて、一体性《ユニティ》という新しい物語の中で、離れ離れになっていた人々と再会《リユニオン》するのです。分断を多様性で置き換える。違いを受け入れ、違う者同士が対話によってつながる。なんといっても地球は一つ。人類は一つ。そして未来はたった一つしかない。作家のE・M・フォースター＊が言った通りです。「ただ、つながるだけでいい。……そうすれば、人間の愛がそれにふさわしい高みに立つのを見ることができる。断片として生きるのはもうやめよう」

多様性や多元性を、分断や分裂を引き起こす否定的なものととらえることもできます。でもそれと反対に、一体性や連帯へとつながる喜ばしいものととらえることも。世界を見て、それを丸ごととらえ、無数の関係性からなる一つのネットワークとして認識することもできます。でもその反対に、世界を、断片化され、互いに争っているバラバラな存在の集合体として認識することもできます。

米国の神学者でエコロジストのトマス・ベリー＊が言う通り、「宇宙は単なるモノ《オブジェクト》の集積ではなく、無数の主体《サブジェクト》からなるスピリチュアルな共同体」です。生きとし生けるもの、人間も人間以外のものもみな、一つの大きな〝いのちの樹《ツリー・オブ・ライフ》〟の一部なのです。

分断や対立に疲れた心は、均一で画一的な世界をつくりたいと思ってしまいます。今や世界中に、画一的な建築物、均質な食べものや飲みもの、そして衣服が広がりました。フランチャイズのチェーン店やレストランは、ニューヨークからニューデリー、北京からベルリンまで、大量生産された同じ商品や食品を販売している。でも間違ってはいけません。こうした画一性《ユニフォーミティ》は、一体性《ユニティ》とは何の関係もないのだから。

もう一度思い出しましょう。戦争、テロリズム、気候変動、貧困、そしてその他、人類が抱える大きな問題の数々は、私たち人間が自然から切り離され、人間社会からも疎外されるという根深い〝病〟の症状にすぎないという単純な真実を。生態系危機と社会的危機の根本的な原因をとらえ、それに対処しない限り、貧困や戦争の苦痛や気候変動による困窮を最小限に抑えたり、改善したりすることはできないでしょう。

一体性という新たな物語を抱きしめる。そうすることで、人間中心の世界観から地球中心の世界観へとシフトする。多様性の中に一体性を見出すことによって、私たちは私利私欲から〝共利〟へと移行するのです。

## いのちの一体性をめぐる瞑想　Meditation on the Unity of Life

左の手のひらは自分を、右の手のひらは世界を表します
両手のひらを合わせることで自分と世界を一体にします
聖なるいのちに、聖なる地球に、聖なる宇宙に、頭を下げます
聖なる土、聖なる空気、聖なる火、聖なる水、聖なる空間にお辞儀します

＊

自分の中に万物があり、万物の中に自分があります
自分の中に全宇宙があり、全宇宙の中に自分があります
私は大宇宙の中の小宇宙
私は土、空気、火、水でできています

宇宙は私の国、地球は私の家、自然は私の国籍、愛は私の宗教
生きとし生けるものはみな
同じ生命の呼吸、水の流れ、火の温かさ、土の固さで生きています
こうして、私たちはみな結ばれ、つながり合う、〝あいだ存在《インタービーイング》〟
私たちはみな、同じところからやってきました
一体性《ユニティ》と多様性《ダイバーシティ》は共に踊ります
私たちの生はすべてお互いさま
それを讃えましょう。相互依存を、互恵を、連帯を
分離と分断が終われば、苦しみもなくなります
善悪を超え、正邪を超え、その先へ行きましょう

＊

いのちの一体性にお辞儀します
それが多様な形をとることに敬意を表します

息を吸います。息を吐きます
微笑み、力をゆるめ、手放します
すべての期待、執着、不安を手放します
すべての心配、恐れ、怒りを手放します
自我を手放します
息を吸います。息を吐きます
微笑み、力をゆるめ、手放します
私は家にいます
私は家にいます
私たちは家にいます

# 4

## 愛と多様性

Diversity

私は愛に固執することにした
憎しみはあまりにも大きな重荷だ

I have decided to stick to love;
hate is too great a burden to bear.

――*マーティン・ルーサー・キング

静かに息を吸い、優しく息を吐く。そんなふうに、息を吸い、吐くとき、思い出してほしいのです。私たちはみな同じ空気を吸っていることを。すべての人間が同じ空気を呼吸し、その空気を分かち合っている。そしてそれは人間に限ったことではありません。人間を超えた存在たち―動物、植物、鉱物―にとっても同じこと。すべてのいのちは同じ呼吸によって生きている。ならば私たちは、いのちの一体性を感じ、すべてのものとのつながりへの気づきの中で、優しく息を吸い、息を吐きましょう。そして、それなしには生きられない、いのちの呼吸を楽しみましょう。

一緒に瞑想し、一緒に呼吸するとき、私たちは何百万もの生命体のことを思い浮かべます。多様性こそが健全な人間性への鍵であり、新しい物語《パラダイム》と新しい文明への鍵でもある。進化は多様性を好みます。ビッグバンとして私たちが知っている時間の始まりには、多様性などまったくありませんでした。まずはガスがあり、やがて水が現れた。その後、何十億年もの進化の過程で、植物や動物、菌類やバクテリアなど、何百万、何千万という種が出現した。生物の多様性は、生命が繁栄するためには必要不可欠なもの。すべての生命にとって、です。しかし悲しいことに、経済成長の夢を追い求めるうちに、生物多様性を守るという神聖な責任を、私たちは忘れてしまったのです。

私たちはおかしくなってしまったようです。私たちの努力はすべて経済成長に注がれているではありませんか。圧倒的多数の人間が経済成長の道具と化している。自然もまた経済成長の道具となり、経済的利益をあげるために搾取される資源となり果てている。自然を経済の資源として見れば、その価値はただ、モノやサービスという商品の生産と消費のためにどれだけ役に立つかにかかっている。私たち人間は自然を機械として、効用として扱う。そして、その価値をお金で計っている。経済のためなら、野生動物や原生の自然も犠牲にする。その結果はどうでしょう。自然界のあらゆる領域で、生物多様性は恐るべきペースで減少しています。

でも安心してください。自然《エコロジー》より経済《エコノミー》を優先するという、逆立ちした産業の規範《パラダイム》が支配的になったのは、しかしたかだかこの二、三百年前のことなのですから。私たちの兄弟姉妹である先住民は、今に至る何千年ものあいだ、自然と調和した暮らしを続けてきました。彼らは、自然が経済の手段ではないことを知っている。自然は経済のための資源ではない。自然はいのちの源。私たちの惑星、地球は生命の神聖な泉であり、それ自体が一つの生命体なのです。地球は、人類と他のすべての生物に共通の故郷。私たちの新しい物語の中では、これまで自然界に君臨していた経済《エコノミー》は、自然《エコロジー》の下の一分野にすぎない。

「人権」という言葉の大切さを固く信じている私ですが、もう一歩踏み込む必要があるとも思うのです。自然にも権利があると言わなければならない、と。「自然の権利」と「人間の権利」とは、手に手をとって進む親密な関係にあります。この相関関係に気づき、その相互依存性を知り、その一体性を認める必要がある。自然権の尊重が、国内でも、国際的にも、憲法や法律として組み込まれなければならない。均質な工業製品の大量生産や大量消費を生み出す現代の産業経済から生物多様性を守るために、行動を起こすときです。自然とその生物多様性を保護し、その資源としての価値ではなく、それ自体に内在する本源的な価値を認める法律を、私たちは必要としているのです。

これまで私たちが優先してきたのは、経済成長、生産性、消費、利益、そしてお金。でも今こそ私たちは、地球と人類の幸《ウェルビーイング》せを大切にすることを学び直さなければならない。経済成長などは単なる手段にすぎません。人間を含む地球上の多様な生物の幸せこそが目的なのです。

私たちにはきっと、この世界で生きていくための新しいやり方を創り出すことができます。新しい物語《パラダイム》、新しい世界観、新しい生き方です。動機と意図を変えることで、すべてが変わる。何をするときにも、生きとし生けるものへの奉仕として、いのちの多様性に対する普遍的な愛の行為として行うのです。この大地との、より調和のとれた、もっと愛に満ちた関係をつくり直すことができる。自然との一体感を感じることができるはずです。生物多様性への愛を育むことによって、私たちは、これまでの物質主義、消費主義、経済主義による分断の世界観を、すべてを愛で包み込むホリスティックな世界観に変えることができるでしょう。

私たちが創り出す新しい経済、それは自然経済、そして愛の経済です。自然は豊かさで溢れている。そこに無駄というものはない。動物に食べられなかった果実は土に還り、土の肥やしとなる。生物多様性について学ぶべきことは、すべて自然が教えてくれる。自然こそが私たちの先生。私たちを導く師。私たちがすべきことは、ただその教えを理解しようと努めること。

新しい物語《パラダイム》、新しい経済、人間と自然が調和の中に生きる新しい文明を創りましょう。

そのためにはまず、多様性を原則とする新しい教育を創り始める必要があります。学校や大学で、科学、数学、歴史、地理を学ぶのと同じように、自然の多様性と人間の多様性を愛することを学ぶ必要がある。私たちがどこから来てどこへ行くのかを学ぶのと同じように、多様性への愛と、異なる者たちへの共感や思いやりを育むことは、人生の基本です。そうすれば、幼い頃から、誰もが祝福することを学びながら育つでしょう。自分たちの家であるこの大切な地球を美しく彩る、生物多様性と文化多様性を祝福することを。

5

## 愛のエコロジー

An Ecology of Love

花の中に愛がある
それが育つのを邪魔してはいけない

Love is in the flower / you have to let it grow.

——ジョン・レノン

〝浅《シャロー》いエコロジー〟と〝深《ディープ》いエコロジー〟とを区別したのは、ノルウェーの哲学者アルネ・ネスです。シャロー・エコロジーは自然保護を唱えるが、それは、自然が人間にとって有用で役に立つ限りでの話。つまり、人間中心主義の世界観なのだ、とネスは考えます。そこでは、人間は、特別で優れた種。自然界が存在するのは、人間のニーズに応えるという目的のためにすぎない。人間は、動物、海、川、森といった自然環境を大切にしなければならない、とシャロー・エコロジーは唱える。でも、それは、人類がこれからも長いあいだ、自然を経済資源として使い続けることができるためなのだ、と。

一方、ディープ・エコロジーによれば、自然にはそれ自体の本質的な価値がある。自然は経済のための資源ではなく、いのちそのものの源。樹木はよい存在。それは単に、酸素を私たちに与えてくれたり、二酸化炭素を取り込んでくれたり、木陰を、果実を、材木を与えてくれたりするからではない。木は、それ自体が〝よきもの〟なのです。木は海や山と同じように、人類が現れる前からここにあった。ならばどうして、人間は自然より優れていて、自然は人間のためにあるなどと言えるでしょう？　ディープ・エコロジストは、人間の権利だけでなく、自然の権利も認めています。その観点から見ると、相変わらず自然界の支配者としての人間という見方を引きずったままのシャロー・エコロジーは、尊大な人間中心主義の枠の中にとどまっています。

「愛のエコロジー」は、こうしたディープ・エコロジーの主張すべてに賛同します。その上で、さらにもう一つの次元をつけ加える。自然を神聖なものとみなすという次元を。いのちは神聖だと言おう。そして人間は、自然に対する感謝の念を育まなければならない、と。

すべての宗教は、自然への崇敬という伝統をもっています。例えば、キリスト教徒にとってエコロジーの守護聖人は、アッシジの聖フランチェスコでしょう。彼はグッビオの殺人オオカミを、被害者たちと平和に暮らすように説得した。多くの宗教団体のあいだで今、新たな意識が広がりつつあるようです。木を植えること、土地を大切に扱うこと、そして、農業や牧畜でもっと生きものへの思いやりをもつことが、神聖な義務だという意識。生命への畏敬の念は、宗教的な原動力だと言っていい。寛大であること、自然に優しくあることは宗教的な責任でしょう。私たちが毎日受けとっている生命の贈りものすべてに感謝の念を抱くことは、スピリチュアルな生き方に欠かせません。自然は神の創造物であると信じ、神からの贈りものであると信じる者が、どうして自然を軽視したり、軽蔑したり、破壊したりすることができるでしょうか？

〃浅い《シャロー》エコロジー〃に従う人たちによると、自然は〃生きていない《イナニメイト》〃。一方、私たち人間には心があり、知性があり、意識がある。しかし、「愛のエコロジー」から見れば、自然には心も、魂も、知性もある。リンゴの種には記憶があって、自分が育って何になるかを正確に知っている。シェイクスピアのハムレットにとっては、〃生きるべきか、死ぬべきか？《トゥー・ビー・オア・ノット・トゥー・ビー》〃が問題だったかもしれないが、リンゴの種にとってそんなことは問題ではない。生きものの種子は決して迷ったりしない。自分の本性を〃知っている〃。自分が誰であり、何であり、何になりたいのかを、知っている。

幼い頃、母はいつも私に樹木を敬うようにと言っていました。あるとき、私はたずねた。

「お母さん、どうして？」

「木は私たちの先生、世界で最も偉大な先生だからよ」、と彼女は答えました。そして「ブッダよりも偉大な存在なの」とつけ加えた。

「お母さん、そんなはずはないよ」、と私は反論した。「ブッダほど偉大な先生はいない。最も偉大な先生だったんだ」

母は私にこんなふうに話しました。

「ブッダはどこで悟りを開いたっけ？　それは木の下に坐っているときだったわね。近頃私たちが悟りを開けないのは、きっと木の下に坐らないから。木の下に坐っていたとき、ブッダは宇宙の調和という真理を学んだの。太陽と雨と木とは調和しているでしょ。木は土から栄養をもらう。土は果実に変わる。果実は人々に、鳥たちに、ミツバチたちに栄養を与える。ほら、すべての出来事は互いにつながっていて、お互いを頼りにし合っているでしょ。私たちはみんなつながり合っている。こういうことをブッダはすべて、木から習ったのよ」

私たちはみんなつながり合っている。このことを理解した瞬間、この惑星は私たちの家となります。空を飛ぶ鳥たちは私たちの親類縁者。森に住むシカやウサギは、兄弟姉妹。トラもゾウもヘビも、ミミズさえも、地球という同じ家に住む家族の一員です。ミミズが《アースウォーム》いなければ、私たちの食卓に乗る食べものはないでしょう。ミミズは土日も祭日もなく、給料さえなしに、昼も夜も働いています。「ミミズ万歳！」と私は叫びたい。あのダーウィンもミミズの研究を通じて、進化論を発展させました。ミミズのおかげで自然をよりよく理解できるようになったのだから、私たちはミミズに感謝しなければならない。そしてまさにその感謝の気持ちを抱いた瞬間、私たちは「愛のエコロジー」を手にしているのです。

シャロー・エコロジーの見方によると、人間と自然とは別物。でも、「愛のエコロジー」では、人間と自然は一体です。私たちは誰もみな、土、空気、火、水、そして空間でできています。宇宙のすべては私たちの中にあります。太陽や月がなければ、私たちは存在しない。私たちそれぞれが宇宙の縮図であり、小宇宙なのです。「愛のエコロジー」によって、人間は気づくでしょう。限りなく多様な生命の広がりの中にある一体性に。その気づきと共に、私たちの心の中にあった浅はかで偏狭な分離の壁は、すべて消えてなくなります。「愛のエコロジー」では、私たちみんなが地球という一つの共同体の、そして家族の一員。この意識をもつことによって、私たちは分離の物語のくびきから解き放たれます。私たちの世界観は、自己中心主義《エゴセントリズム》から自然中心主義《エコセントリズム》へと転換する。そのとき私たちは、神の心に触れているに違いありません。

科学者スティーヴン・ホーキングは、著書『ホーキング、宇宙を語る（A Brief History of Time）』（早川書房）の結びで、私たちはいつか神の心を知ることができるだろうと言いました。でも、「愛のエコロジー」さえあれば、私たちは今この瞬間に、神の心を知ることができるのです。神はどこか空の彼方にいるのではない。神は宇宙のどこにでもいる。神とは、宇宙意識のことなのです。私たちはただ自分の意識を拡張して、一人ひとりが小宇宙であることを知りさえすればいい。宇宙にあるすべての力は私たちの内にあり、私たちは宇宙の内にいる。「愛のエコロジー」は、この美しい地球と、このすばらしい宇宙の中で、私たちみんなに、我が家にくつろぐときのような安らぎを感じさせてくれるに違いありません。

6

# 愛の正三角形

A Love Trinity

遠ざかろう、
均質なものの見方とニュートンの眠りから

Keep from single vision and Newton's sleep.

――ウィリアム・ブレイク

「ラディカル・ラブ」、それは、全面的な転換のビジョン、そして全体的な調和のビジョンです。存在とは多次元的な現実だから、それを一次元的にとらえることはできない。私たちを〝丸ごと〟に近づけるために欠かすことのできない、三つの次元を考えてみましょう。まず自然への愛、それを私はソイル（土）という言葉で表したい。次に自分自身への愛、それをソウル（魂）という言葉で表す。そして、他者への愛、それをソサエティ（社会）という言葉で表そう。ソイル・ソウル・ソサエティ——これは、キリスト教の三位一体（神なる父、神の子キリスト、聖霊）に代わる、新しい時代の「愛の三位一体」です。

聖典『バガヴァッド・ギーター』の中で、クリシュナ神は戦士アルジュナに語ります。人はその生の最初から、自然、魂、社会の三つの次元に存在している、と。また私たちは、宇宙からすべての生命への贈りものである五大要素によってできている。私たちは空気を呼吸し、水を飲んで生命を維持する。土の中で食べものを育て、いのちを養い、火によって調理したり、暖をとったり。また空間の中で私たちは生きる。このように、宇宙的な経済というものは、「互恵の経済」であり、「贈与の経済」なのです。これまで私たちがその中で生きてきたような「泥棒の経済」ではない。廃棄物や汚染や不公平を生み出す「奪い合いの経済」ではありません。これらの五大要素が秩序正しく、汚れなく、純粋に保たれるようにすること、そして使ったものを恒常的に補充し続けることは、私たち人間の責任です。インドの古代哲学ヴェーダの伝統では、この補充の行為は「ヤグナ」と呼ばれます。ヤグナは自然への愛を、また土への愛を意味します。その「土」とは、自然界全体を象徴するものとしての「土」です。

生まれたその日から私たちは、肉体、感覚、知性、魂を与えられて、丸ごとの存在として生きます。私たちのよき生のために、外なる世界の五つの要素を、もとの純粋さのままに維持することが求められるのと同じように、私たちには、自分たちの内なる要素である心と体、魂と知性を汚すことなく、純粋で健康に保つことが求められる。それぞれの人生で、私たちは疲労、消耗、ストレス、絶望などを経験することになる。だからこそ、自分自身を、自分の魂を、養い、世話し、必要に応じて補充し、回復へと導くための方法を見つけることは私たちの責任です。このような自分の世話《セルフケア》は、利己的な行為ではない。セルフケアは他者へのケアの必須条件であり、前提条件なのだから。このセルフケアは「タパス」と呼ばれます。それは、自己への愛、魂への愛を意味します。

孤立し、バラバラに切り離された個人として生まれてくる者はいません。私たちは家族の一員として、隣人として、地域社会の一員として、そしてより広い社会の一員として生まれてくる。私たちが生きられるのは、第一に、食べもの、水、空気、温かさといった自然からの贈りものの贈りもののおかげ。第二に、想像力、意識、記憶、知性などの魂からの贈りもののおかげ。それだけではなく、第三に、私たちは人間社会からの多くの贈りものによって生きています。その中には、文化、建築、文学、哲学、宗教、芸術、工芸、その他多くのものが含まれる。私たちは過去に生きた人々からこれらのギフトを受けとり、そしてこの瞬間にも受けとり続けています。私たちが生きて今ここにいるのは、こうした無数の他者の贈りものをただ受けとり、消費するためだけ、などということはあり得ません。私たちもまた同じように、贈りものを差し出す責任があります。自分たちに恵まれた創造性や才能や技量を、よりよき社会をつくるために、無償で提供することが求められています。社会は「おかげさま」と「お互いさま」という言葉に表される、互恵の関係で成り立っていることを考えれば、その社会への、地域コミュニティへの〝お返し〟は自然なことでしょう。それが私心のない奉仕として行われるとき、それは「ダーナ」と呼ばれます。それは、カースト、階級、宗教、人種、国籍に関わりなく、すべての人に差し出される愛を意味します。

『バガヴァッド・ギーター』の不朽の三原則、「ヤグナ」、「タパス」、「ダーナ」は、初めて定式化された数千年前と同じように、今も輝きを失っていません。私は、この三原則を現代によりよく合うようにつくり直しました。それが、ソイル・ソウル・ソサエティです。

私たちの社会は思考の専門化を奨励しています。でも、このソイル・ソウル・ソサエティという三位一体は、専門分野に分けられる前の全体像を、三つの側面から見たものだということを覚えておいてください。例えば、自然保護や自然を守ることだけにだけ一生懸命で、スピリチュアルなことや抽象的なことは意識にのぼらないという人もいるでしょう。また、瞑想やヨガの修行、宗教的なテキストの研究、自己啓発など、スピリチュアルな探求に心血を注ぐ人で、自然界の保護にほとんど関心がないという人もいるでしょう。あるいは、社会正義、人権、経済的平等のために没頭する人もいるでしょう。そんな人にとっては、スピリチュアルな関心は自己満足のように思えるかもしれないし、自然保護は人間の世界からはかけ離れたものと思えるかもしれない。

一度立ち止まって、先入観を横に置き、『バガヴァッド・ギーター』に示されたホリスティックなメッセージに向き合ってほしい。いろいろな分野に分けられる前の丸ごとに目を向ければ、すべてが関わり合い、つながり合っていることがわかります。そのつながりの中では、誰もがみんな、お互い同士からできている。自然、魂、そして人間性は、その同じ一つの現実の三側面です。現実を生きる私たちが、ある特定の側面に焦点をあてることもあるでしょう。たとえそうだとしても、私たちは絶えず意識しておく必要があります。外なる現実と内なる現実、社会的なレベルと魂のレベル、自然の営みと人間の産業とのあいだに潜んでいる、絶妙なつながりのことを。

自然保護に関心をもつあなたには、自然がただそこにあるのではないことを忘れないでほしい。人間への思いやりもまた、野生生物への思いやりと同じ自然保護の一部です。またこれと同様に、自然の権利を守る活動は、社会正義や貧困対策のために働くのと同じ、人権活動の一部だと言えます。

自然も人間も、単なる物質ではない。地球、その上に生きるすべての生きもの、人間も人間以外も、みな生きている複雑な有機体《オーガニズム》です。その誰もが、共感、寛容、謙虚、そして愛を体現しています。きちんとした社会秩序と汚染のない自然環境があったとしても、喜びや共感や愛がないとしたら、一体、人生とは何でしょう？

私たちは、よい自然環境、公正な社会が必要なのと同じように、生きがいのある人生を必要としています。その必要が満たされるのは、私たちの心が愛とスピリチュアリティを抱くとき。『バカヴァッド・ギーター』でクリシュナ神がアルジュナに言っているように、自然、魂、社会という三つの側面のあいだには、壁も溝もありません。私たち一人ひとりが一つに統合された丸ごと《ホール》なのです。

# 7

## ソイル
## 愛する土
## Soil

土はいのちをつなぐ偉大な存在、
すべての源、そして目的地

The soil is the great connector of lives,
the source and destination of all.

——ウェンデル・ベリー*

土は地球の生命が湧き出る泉です。地上にあるすべてのものは土から生まれ、土に還る。私たちが土を大切にすれば、土は私たちを、そして私たちが必要とするすべてのものを大切にしてくれる。土は私たちに食べもの、木、水を与えてくれる。土は私たちと私たちの住居を背負ってくれている。だが、とても謙虚で、いつも私たちの足元にとどまっている。

土は「腐植《ヒューマス》」とも呼ばれますが、この語は人間を意味する「ヒューマン」と同じ語源から来ている。人間と土とのあいだの深いつながりを示す、これはまたなんと素敵なご縁でしょう。そのご縁に感謝し、ヒューマンたる人間は、ヒューマスたる土に、尊敬と謙虚さ《ヒューミリティ》をもって向き合うべきです。その「ヒューミリティ」もヒューマン、ヒューマスと同じ語源をもつ言葉です。さらにもう一つ、「湿度《ヒューミディティ》」もそうです。謙虚さは湿度に関係している。湿度が土を養なうように、謙虚さは魂を大切にします。土、人、湿度、謙虚という四つの言葉は、意味深い縁で結ばれているわけです。

それとは対照的に、産業文明は土をただのモノとみなして、そこに農薬や化学肥料を駆使します。まるでそれが土にいのちを与えるとでもいうように。ここに、私たち人間の無知が、謙虚さの欠如が、そして生きた自然としての土についての無理解が露呈しています。

さあ、今こそ、母なる大地の奇跡を祝うときです。

「文化《カルチャー》」という言葉も、土と関係しています。オックスフォード英語辞典によれば、十八世紀の終わりまで、文化とは〃耕作された畑や土地〃を意味していました。言い換えれば、土のお世話をするということ。農業《アグリカルチャー》という言葉もここから生まれました。こうして自然と文化は一つになったのです。土を養い、自然を育てることなしに、洗練された《カルチャード》人になることはできない。十九世紀から二十世紀にかけて、文化という言葉は、音楽や詩、絵画や舞踊などを通して、魂や想像力を養うことを意味するようになった。土を耕す者たちは、自分たちが魂をも耕し、育てていることを知っていたのです。農民たちは土を慈しみながら、踊り、音楽を奏で、絵を描いて、自分たちの魂を養った。文化は土《ソイル》と魂《ソウル》、腐植土《ヒューマス》と人間《ヒューマン》の架け橋なのです。

近代化、工業化、都市化の大波と共に、文明《シビライゼーション》という概念が生まれた。この言葉の中の「シビル」は「都市」を意味しています。都市に住む人々は自分たちのことを文明市民と呼び、農民や田舎に住む人々、農業労働者を見下すようになった。多くの人々にとって、土は〃汚らしいもの《ダーティ》〃となった。この意識の変化が、人々を農村の暮らしから、都会での暮らしへと駆り立てた。土の上に生き、農的な営みによって生計を立てる人々は、今や〃非文明人〃と見なされることになりました。

近代化の使命は、昔も今も、人々を土地から引き離して、都市へと呼び込み、工場や店舗、オフィスで働かせること。とはいえ、市民にはもちろん食料が必要です。そこで、今では、農民ではなく、大規模なアグリビジネスや工場式農場によって、食料が生産されるようになりつつある。重機やロボットを駆使した、単一作物の大量生産が、現代農業の主流になっている。もはや農民は、土を耕す必要もなければ、触れる必要すらない。その仕事は、機械の整備や、巨大なコンバイン、トラクターの運転。牛の搾乳や豚の屠殺も、種まきや収穫も、ロボットに任せればいいというわけです。

「文化」から「文明」への移行がもたらした予期せぬ結果は、農業が化石燃料に全面的に依存するようになったことでしょう。私たちは大気中への二酸化炭素（CO2）の過剰な排出という大問題に直面しています。CO2排出量のうち、二十〜三十%は、工業的な農業のやり方に起因し、さらに同じ量が、その生産物である食品の輸送、冷蔵、食品廃棄物の処理などに関わっていると言います。

わが文明の誇る進歩が、開発が、近代化が、自分自身の存在そのものを脅かすことになるとは、一体誰が想像したでしょうか？　気候変動という外なる脅威による心配に加えて、文明社会は内なる脅威にも苦しんでいます。私たちは不安の時代に生きているのです。生きがいの欠如や仕事のやりがいのなさが、幻滅感やうつ病を引き起こしています。

　こうした外的・内的不安の根本的な原因は何かと問われれば、それは、私たちが土から切り離され、土とのつながりを断たれていること、と私は答えます。文明の影響の下で、現代社会は人間《ヒューマン》と腐植土《ヒューマス》との関係を忘れてしまった。土への愛を耕し、育むことが、この時代に求められています。私たちは土の一部であり、土から切り離すことのできない存在なのです。私たちが土にすることは、自分自身にすることに他ならない。土を毒で汚し続ければ、その結果は私たち自身に降りかかるでしょう。

　変化は、あなたが土に触れることから始まります。そして、肉体的・精神的な栄養を惜しみなく与えてくれる土への愛と感謝を表現するとき、何かが変わり始めます。土を讃えることはいのちを讃えること。土は善。土は美徳。土は美しい。土は賢い。

　さあ、土とつながりましょう。そうすれば宇宙全体とつながることができます。

8

# 愛するタネ
Seeds

タネに起こることは、生命界全体に影響を及ぼす

Whatever happens to seed affects the whole web of life.

——*ヴァンダナ・シヴァ

## タネは奇跡

小さなリンゴのタネの中に、大きなリンゴの木が住んでいる
このタネを見てごらん
この中に高い木が入っているなんて
この小さなリンゴのタネから、あのたくましい木ができるなんて
あの木はもう五十年もずっとそこに立っている
それは何千個ものリンゴを私たちにくれた
一つひとつのリンゴには六個のタネが入っている
一粒のタネから、リンゴの果樹園をつくることだってできる
なんと頼もしいタネ
でも、小さなタネが立派なリンゴの木になれるのはなぜ?
その答えを見つけよう
タネは自分を手放さなければならない
私たちはタネをよい土にまく
それっきり、誰も二度とタネを見ることはないだろう

あとは土がタネのお世話をしてくれる
土がなければ、タネはリンゴの木にならない
数カ月たって、タネは小さな苗として生まれる
なんと可愛いらしい
小さくて美しい植物
私たちに求められるのは、多くの忍耐と信頼
じっと待ち、苗の成長を見守ることを学ばなければならない
必要なら苗に水をあげるだろう
水なしに、リンゴの木はない
土と水のおかげで、苗は丈夫になる
幹と枝がつくられる
これが魔法でなくてなんだろう
枝は緑の葉をたくさんつける
春が来ると突然、見事な花が咲く
ピンク、白、どれもすばらしい

その周りをミツバチはブンブン飛び回り、受粉する
ミツバチがいなければ、リンゴもない
この柔和な花からリンゴの赤ん坊が生まれる
夏の暖かい日差しの助けで熟してゆく
太陽がなければ、リンゴもない
太陽と土と水のおかげで、リンゴは成長する
色づいて、芳香を放ち
甘くてジューシー
秋になればリンゴには、他のいのちを育む用意ができている
リンゴの木はとても優しい
限りない愛に溢れている
リンゴは贈りものをみんなに差し出す
リンゴの木は決して聞かない、「お金をもっているの？」と
「あなたが誰であれ、さあ、リンゴをどうぞ」と木は言っているようだ
金持ちも貧乏人も、若かろうが年寄りだろうが、

黒人でも白人でも、さあ、どうぞ
リンゴの木は決して差別しない
それは木からの無限の愛
リンゴの木は、太陽と土と水によって育まれる
リンゴの木は人、動物、鳥、昆虫を養う
リンゴは宇宙からの贈りもの
私たちはこの贈りものを、感謝と共に受けとる
リンゴの木はいのちの循環を知っている
私たちはタネから木を得る
私たちは木からタネを得る
リンゴの木は土でできている
リンゴの木は葉を落として土を養う
リンゴのタネには記憶がある
リンゴはどうなるかを覚えているから、ナシになることはない
リンゴの木は芸術作品

アーティストは、リンゴの木を描く
私たちは、色づいたリンゴがたわわに実った写真を撮る
詩人は、リンゴの木を讃える歌を詠む
科学者ニュートンは、リンゴが木から落ちるのを見て重力を発見
ブッダは、木の下に坐って悟りを開いた
生命という樹は、ちっぽけなタネから生まれる
タネがなければ木もない
木がなければタネもない
タネ、太陽、土、水、そしてミツバチは、木と一体
慎ましいタネは、私たちの足の下、土の中で満足だ
でもそのタネが、みんなのために何千というリンゴをつくる
タネは奇跡

9

## 水の愛
## Water

川は知っている、急ぐことはない
いつか私たちはそこに行き着く

Rivers know this: there is no hurry;
we shall get there someday.

——A[*]・A・ミルン

中央インドのワーダという町の近く、ダーム川のほとりに、私の師ビノーバ・バーベの道場《アシュラム》があります。若かった私は、ある日、彼をそのアシュラムに訪ねました。早朝、私たちは川沿いを歩いていた。この偉大な賢者の口から、清らかな水のように流れ出る知恵の言葉を楽しむには、絶好の時間帯でした。

「友よ、水のようになりなさい」

「水のようになるには、どうすればいいでしょう?」と私はたずねた。

「水のように流れるんだ。湖にあっても、水は流れ続ける。私がいちばん好きな水の形は川だけどね。いつも動いている。決して固定されない。決して停滞しない。決して執着しない」

「他には、どうすれば水のようになれますか?」と私はたずねる。

「自分の限界の中で生きることだ」とビノーバは答える。

「川は両岸に挟まれたあいだだけを流れ、しかもそれは自由だ。自分の限界を知り、自制すれば、君も自由を楽しむことができる」

「他に、水から何を学ぶことができますか?」、と私。

「水のように柔軟であること」とビノーバ。

「水を瓶に入れると、瓶の形になる。グラスに入れると、グラスの形になる。環境に適応しながら、決して自分自身を見失わない。君も自分の本性に忠実でありながら、周囲と、隣人や家族や友人とぶつからずに生きることができる。水には敵がいない。水はいつでも、植物や動物や人間のためにそこにあって、渇きを癒し、すべてのいのちを養っている。私たち人間もまた、水のように、常に他者のために奉仕すべきだ。私が水から学んだのはこのことさ。水は他者のいのちのために生きている、ということ」

「水を師と仰ぐべきだということでしょうか？」と問う私に、「そう、私が言いたいのはまさにそれだよ」、とビノーバは叫んだ。

「水は飲めるほどに柔らかい。目に入れてもいい。その中で泳ぐこともできる。でも同時に、水は非常に力強い。ギザギザの岩も、時間をかけて滑らかにする。さらに長い時間をかけて、岩石を砂に変える。柔和な力がなし得ることを過小評価してはいけない。手に負えないような大火災も、水の力によって鎮められる。だから友よ、水のようになりなさい」

私たちは川のほとりで立ち止まり、しばらく沈黙した。しまいに彼は口を開いた。

「水は商品ではない。ただの資源ではない。水は生命の源。水は神聖。水を無駄にしたり、汚したりするのは、自然に対する罪でなくてなんだろう。さあ、水を愛しなさい」

私はインド、ラジャスタン州のタール砂漠で生まれました。〝大インド砂漠〟と呼ばれるだけあって、インドで最大、世界で十七番目の大きな砂漠。面積は十二万平方キロメートル、そのうちの六十%がラジャスタン州にある。だから私は、砂だらけの乾燥地の子ども。年に六週間雨が降れば、幸運だと思っていた。屋根に落ちる水の一滴一滴を貯水タンクに貯め、飲み水や料理、水浴に使っていた。幼い頃の私にとって、水は希少で貴重なものだった。川辺でビノーバと話したあの日、そんな幼い頃の経験を彼に話しました。そして水についての彼の教えに感謝し、それが確かに私の心の奥深くに届いたことを伝えました。

それで思い出したのでしょう。ビノーバはこんな話をし始めました。それは後にインド全土で有名になった話ですが、私には初めての話でした。来た道を川に沿って戻りながら、彼が話したのは、マハトマ・ガンディーがアラハバードにあるネルー*家の大邸宅を訪れたときのことでした。その家は、〝アナンダ・ババン（歓喜の宮殿）〟として知られていた。ときは一九四二年、ネルーがインドの初代首相になる五年前のこと。

比較的豪勢な家だった割に、水道が通っていなかった。朝、ネルー自ら、ガンディーの沐浴のために水差しと洗面器をもってきた。ネルーは左腕にタオルをかけ、右手で洗面器に水を注いだ、ガンディーは顔を洗い、歯を磨いた。水を注ぎながらネルーはガンディーにたずねた。イギリスによるインドの支配を終わらせる闘いで、非暴力の道に従うよう、大多数のインド人をどのように説得するつもりか、と。ガンディーは答えた。人々が揺るぎない信念をもって自ら模範となることが、他の人々を説得する最善の方法だろう、と。

そのとき、急にそわそわし出したネルーは、「すみません、バプー（父親を意味する敬称）」と、ガンディーの言葉を遮った。

「水を汲んでくるので、少し待っていてくれませんか？」

「さっきの水はもう使い終わったのかね？」

ガンディーは困惑した様子で聞き返した。

「私は洗うことにもっと集中すべきだったのに、同時に大きなことを考えていたので、それに流されてしまった。水差し一つの水で洗い終わるべきだった。そのことにもっと心を込めるべきだったね」

「バプー、心配要りません。お住まいのグジャラート州は乾燥した砂漠地帯で水も乏しいでしょうが、ここでは水不足はありませんから。二つの大河がこのアラハバードで合流していて、井戸の水位を高く保ってくれているんです」

「ネルー君、君の町に三本の川が流れていたとしても、だからといって私が水を浪費する権利を得るわけではない。私の分《シェア》は、一日に水差し一杯だけです」

そう言うガンディーの目に涙が浮かんでいるのにネルーは気づき、心を揺さぶられた。そしてガンディーが真の自制心のもち主であることを痛感した。それでもガンディーを説得して、例外として水差し半分の水をもってくることを許してもらった。ネルーが水をもって戻ると、ガンディーはやりかけの沐浴を再開した。

「物好きだと君は思うかもしれないね」と、ガンディーは言った。

「でも、私は信じているんです。世界には、誰もが必要とするものは十分あるが、誰かの貪欲のためのものなどありはしない。もちろん、誰かさんの無駄使いのためのものなど、ね。特に貴重なのは水。水は生命そのものだから。豊富だからといって、無駄使いが許されるわけではない。そう、私たちは非暴力について話していたんでしたね。私にとって、浪費こそが暴力です」

ビノーバとの、ダーム川沿いの散歩を終えた私は、知恵と物語を分け与えてくれたことを彼に感謝した。最後にもう一度、彼は川の方に向き直って言った。

「水は私たちの師、私たちのいのちの源。それを愛し、尊敬することを、そして感謝し、謙虚にそれを使うことを、学ばなければならない」

10

# 母なる地球への讃歌

## An Ode to Mother Earth

「死んだら天国に行きたい」と人は言う
でも実は、天国へ行くのは生まれるときなんだ

People say, "I want to go to heaven when I die."
In reality, you go to heaven when you are born.

——ジム・ロヴェル、NASA宇宙飛行士、1972年12月

ＮＡＳＡ（アメリカ航空宇宙局）が宇宙から写した、あの象徴的な地球の写真を見た瞬間、私はたちまちその荘厳な〝青い球体〟に魅了されてしまいました。そして、この画像のおかげで、私は地球そのものに恋をしている自分に気づくことになったのです。そこで、私は母なる地球への讃歌を書くことにしました。

私は宇宙の大海に浮かぶ、尊い青真珠を見ていた
宇宙意識の中の奇跡
恍惚の内で私は呟いた。これがガイア、生ける女神だ
これが母なる地球、わが最愛の母、生きとし生けるものの母
これが私たちの家、唯一の家、
人間、動物、山、川、森、海、そして何兆という生命体の家、
これが、自活、自営、自律する、生きている星、地球だ

母なる地球は、食料、水、大気、温かさで、
自らを、そしてすべての子どもたちを養う

衣服、住まい、エネルギー、美術工芸、文化を
差別や先入観なしにみんなに提供する

ときに、私たち人間は、この慈しみ深い母のありがたみを忘れてしまう
いたずらっ子のように、悪いことをしたり、無礼な振る舞いをしたり
私たちは水を、土を、大気を汚染する
エネルギーを浪費し、母親の能力の限界を無視し、そのいのちを脅かしさえする
宗教、政治体制、ナショナリズムなど、
自分たちがでっちあげた境界線をめぐって、紛争や戦争を引き起こす

母なる地球は何十億年も懸命に働いた
進化し、生物の、文化の、そして真実の多様性を生み出してきた
美しい青い球体の画像によって、地球は私たちに思い起こさせようとしている
人為的に捏造された、無意味な分断の壁を超えること
そして、驚くべきいのちの多様性を守り、生命の一体性を祝うこと、を

結局のところ、私たち人間は、一つの地球家族の一員だ
母なる地球は、確かに、私たちを大切にしてくれている
でも、私たちは母なる地球を大切にしているだろうか？
母なる地球は私たちを愛している
でも、私たちは母なる地球の愛に報いているだろうか？
私は、確かに、この荘厳な青い球体を愛している
地球は私の最愛の母
母なる地球のために、私は全力を尽くすだろう

# 四大要素をめぐる瞑想　Meditation on the Four Elements

大地はスピリチュアルなガイド
大地はがまん強く、寛容で、気前がいい
大地は、差別も偏見もなく、すべての生きものを養います
私も大地から、忍耐強さ、許す力、寛大さを学べますように
大地のように、誰にでも親切であれますように
私は大地に敬礼します

＊

空気はスピリチュアルなガイド
空気は支え、力づけ、活力を与えます

空気はすべての生きものの生命を維持します
聖人も罪人も、人間も動物も、ヘビもクモも、山もサルも
空気は、差別も偏見もなく、すべての生きものを支え、力づけ、活力を与えます
その空気から私も学べますように
私は空気を讃えます

＊

火はスピリチュアルなガイド
火は、温め、浄化し、活性化し、目覚めさせます
火は太陽からやってきます
火は闇を払います
私も火のように、暗闇で迷う者たちの光となれますように
凍えた心で苦しむ人たちを温めることができますように
私は火に敬意を表します

＊

水はスピリチュアルなガイド
水は、花より柔らかく、岩よりも強い
水は渇きを癒し、地球のすべての生きものを養います
善か悪か、親切か残酷か、詩人か囚人か、貧者か富者かに関わりなく
水はあらゆる障害を越えて流れ続け、流れることで自らを浄めます
私も水のように、すべての人の渇きを癒せますように
水から、柔らかさと強さを併せもつことを学べますように
私は水にお辞儀します

# 2章

# ラディカル・ラブが世界を変える

## Radical Love Globally

愛を隔てる壁はない

Love recognizes no barriers.

——*マヤ・アンジェロウ

# 11

# エコロジカルな世界観

An Ecological Worldview

よき客である術を私たちは忘れてしまった
他の生きものと同じように、
軽やかに、大地を歩くことを

We have forgotten how to be the good guests,
how to walk lightly on the earth as its other creatures do.

——バ*ーバラ・ウォード

エコロジーとエコノミーは兄弟姉妹のようなもの。どちらの言葉も、「家」や「家庭」を意味する、ギリシャ語の「オイコス（ｏｉｋｏｓ）」に由来します。「ロジー」のもとである「ロゴス」は「知識」を、「ノミー」のもとになった「ノモス」は「管理」や「運営」を意味する。つまり、エコロジーは「家の知識」、エコノミーは「家の管理運営」と考えることができる。ギリシャの哲学者たちにとって、オイコスとは非常に包括的な言葉だったようです。家は普通、寝室、居間、台所などからなる家族が集う場所ですが、国家もまた一種のオイコスだし、究極的には地球全体がオイコスです。驚くべき動物たち、幽玄な森、雄大な山々、荘厳な海、そしてもちろん、想像力と創造性にあふれた人間たちも、すべて地球という家庭の一員なのです。

エコノミーという言葉の本来の意味をよく考えてみれば、経済《エコノミー》がエコロジーの補助的なものであることはすぐにわかるでしょう。エコロジーなくして経済はあり得ません。

でも現実はどうでしょう。経済成長、進歩、開発の名の下に、際限のない生産、消費、利潤の追求が、現代世界の最も大切な目標となっている。オイコスの別名である自然は、経済のための資源と考えられている。天然資源は、ビジネスや企業の収益性を高めるという目的のための手段となっている。その資源の中にはなんと人間も含まれていて、私たちはそれを〝人的資源《ヒューマン・リソース》〟とか、〝人材〟とかと呼んでいるのです。

エコロジー中心にものを見るならば、逆に、生産や消費、金銭や利益は、あくまでも目的のための手段であるべきでしょう。その目標は何かと言えば、人々の幸福であり、地球が健全であること。生産、消費、経済成長が自然を傷つけ、人々を搾取するのであれば、そのような経済活動は直ちに止めなければなりません。

もちろん生産と消費は必要です。でも、エコロジー中心の世界観からすれば、それらはあくまで自然の均衡を尊重した形で、自制しながら行われなければなりません。もともと、自然界には無駄というものはありません。ならば、人間による財やサービスの生産や消費が無駄を生み出さないようにすることは、エコロジー的には必須です。人間の経済が生み出す無駄は、地球の生態系の健康を脅かす暴力だと言ってもいい。私たちが自然から得たものは、すべて自然に還す。再利用、再生できないものは、生産すべきではないのです。

大量生産の経済は直線的《リニア》な経済です。私たちは地球から自然素材を採取し、加工し、使用し、そして捨てている。その結果、埋め立て地や海、大気中に廃棄される量が多すぎる。

私たちは、この直線的経済を、循環型《サーキュラー》経済で置き換える必要があります。すべての商品と製品は、無駄なく安全に、自然に還ることを保証するように設計されなければなりません。
もともと、自然界には汚染というものもありません。エコロジー中心にものを見る知恵さえあれば、私たちも地球の汚染を避けることができるでしょう。私たちが汚染しているのは、清らかで美しい私たちの家、地球。家の空気が汚れていたら、私たちはそれを吸わないわけにはいきません。水を汚せば、それを飲むことになる。食べものを生み出す土を汚せば、その食べものを食べる以外にはないのです。

私の母はよくこう教えてくれました。私たちが何かをつくったり、使ったりするものには、三つの特徴があるべきだと。第一に、美しい《ビューティフル》こと。美は魂の栄養だから。美は私たちの感覚と魂を育み、創造性に火をつけ、想像力を刺激する。第二に、美しいものが同時に有用《ユースフル》であること。美しさと有用性のあいだに矛盾はない。形と機能を調和するように組み合わせなければならない。第三に、美しく有用なものが同時に、長持ち《デュラブル》すること。現代でも、新たに生産されるものは、耐久性に優れていなければならないはずです。収益をあげるために企業が使う「計画的陳腐化（旧式化）」という手法（一定の期間が経つと寿命が来たり、新しい型に買い換えなければならないように製品を設計すること）は、自然に対する暴力です。私の母が唱えた、この「美しい、有用、長持ち」の三原則（その頭文字をとってＢＵＤ原則）を、現代経済学の研究にも、とり入れてほしいものです。

自然がどのようにものを生み出すのか、を見れば、そこにもＢＵＤ原則が貫かれていることがわかるでしょう。例えば樹木です。木は美しい。絶妙のバランスとプロポーションをもつ木は、見ているだけでも楽しい。木は二酸化炭素を吸収し、酸素を供給する。枝に巣をつくる鳥たちにぴったりの場所を提供し、人間にも動物にも食料を与える。そして木は長寿。オークやイチイの木は、千年も立ち続けています。

エコロジー中心の世界観を身につけることで、私たちは変身することができます。人間にとって役に立つかどうかという視点からだけ自然界を見るような、これまでの態度を改める。そして、気づくのです。人間と他のすべての生きものたちとの一体性に。人間の生命も、人間以外の生命も、すべての生命には、それが人間に役立つかどうかに関わりなく、それ自体の本質的価値があるということに。人間の権利を支持すると同時に、自然の権利をも支持するのです。

世界中の大学で経済学を教えています。経済学だから、当然、若者たちにエコノミー、つまり地球という家を管理運営する方法を教えていると思いたいところです。私は以前、ロンドン・スクール・オブ・エコノミクス（LSE）に招かれ、「エコロジー的世界観」について話したことがあります。講演の前に、私は何人かの教授に、学生がエコロジーを学べるような授業があるかどうかたずねてみました。教授たちによると、「環境政策と経済学」、「気候変動と経済学」といったものはあるが、エコロジー的世界観を学ぶ授業はないという。私は彼らに、「環境」と「エコロジー」は同じではない、ことを説明しました。そして、気候変動は有害な経済成長の結果だということ、生態系《エコシステム》全体について学び、多様な生命体が互いに、どのように関係し合っているかを知り、理解し、経験するのがエコロジーという学問だ、と私は言いました。

LSEは、世界中から集まった何千人もの若いエリートたちに、経済を運営するテクニックや方法を教えてきました。やがて世界経済は、こうした人たちの手に委ねられるわけですが、悲しいかな、その経済はいい状態にあるとは言えません。問題は、LSEがエコロジーを教えていないことです。つまり、地球という家がどういうものかを教えていない。学生たちに管理運営するものが〝何〟なのかを教えないまま、〝どのように〟管理運営するかを教えるというのです。これはLSEだけの問題ではない。世界中のどの国の大学でも、エコロジーに焦点をあてることなく経済学を教えている。これは私たちの教育システム全体の問題なのです。私たちは「経済」の本当の意味を忘れてしまっています。

ほとんどの関心がお金の管理運営に向けられています。経済学は、地球という〝家庭〟のすべての成員のためのものではなく、特定の人々の利益のためにお金を管理運営するだけのものに成り果てている。今こそエコロジーとエコノミーの統合が不可欠です。だからこそ私は、LSEにこう勧めたのです。エコロジーの世界観をとり入れて、その名前をLSEE（ロンドン・スクール・オブ・エコロジー・アンド・エコノミクス）に変えるように。こうした大胆な決断を下せば、他の大学も、エコロジーの教育なくして経済学の教育は不完全であることを認識することになる、と。でも現状では相変わらず、世界中の学術機関がエコロジーの世界観を無視することで、問題を解決する側ではなく、問題を引き起こす側に立ち続けているのです。

12

# 愛の経済

## A Love Economy

金は愛に似ている
出し渋る者をゆっくり、痛々しく殺し
仲間に差し出す者を元気にする

Money is like love; it kills slowly and
painfully the one who withholds it, and enlivens
the other who turns it on his or her fellow man.

——*ハリール・ジブラーン

世界中で人々がお金に執着しています。ブータンという小さな国の指導者のような例外はあるものの、どの国も経済成長の呪縛にとらわれているようです。経済成長という物語《パラダイム》は、今や、宗教と化しています。ほとんどすべての人がそれに囚われている。どの皇帝もできなかった世界征服を成し遂げた、〝顔のない皇帝〟と言ってもいいでしょう。無限に経済成長を追い求める大行進は、現代世界の切実な問題の解決に役立つどころか、人類がこれまでに経験したことのない最大の危機へと私たちを連れてきてしまったのです。

世界で、最も金持ちで、最も発展した国の一つとされるアメリカについて考えてみましょう。そこではどれほどの経済成長も、貧困、不平等、ホームレス、病気などの諸問題を改善できていないことが明らかです。それだけでなく、米国は年々確実に暴力的になっている。銃を使用した暴力、特に銃乱射事件は何度も世界に衝撃を与えてきました。薬物乱用も横行している。ますます多くの人々がオピエート系の麻薬を常用している。どうやら、この最も裕福な国を悩ます、暴力、堕落、憂うつに終わりはないようです。

経済成長の先駆けであり、広大な土地と天然資源に恵まれた偉大な経済大国アメリカ。それがこのような状態だとしたら、他の国にどんな希望があるというのでしょうか。

真実は単純です。経済成長の追求が貧困を終わらせることはない、ということです。経済成長を駆り立てているのは数字です。そしてそれは、私利私欲を最大化するという短期的な目的のために、長期にわたって人間と自然を搾取するというプロセスです。経済成長によって貧困をなくすことができないのは、そのプロセスでは常に新たな貧困層が必然的に生み出され、取り残されていくから。経済成長という舗装された道をスイスイと進むというのは完全な幻想です。地球への、そして人々への長期的なダメージをなくすためには、私たちはこの幻想から自由にならなければなりません。有限の地球で無限の経済成長などあり得ない。

「もうこれで十分」

そう言わなければならないときが、きています。

経済成長という物語に代わるものとして、幸せの成長に焦点を合わせた新しい物語《パラダイム》を求めることが私たちにはできるし、そうしなければならないのです。それを「愛の経済」と呼びましょう。それが可能なのは、人間が大地とつながり直すことで、そこに楽しみや愛を見出したときだけです。手仕事や工芸などの職人仕事が活力をとり戻して、誰もが生計を立てられるようになる経済では、グローバル化した現代社会を苦しめている問題の多くは解決されるでしょう。そうなれば現代が誇る〝便利さ〟は、ケーキの上のお飾りにすぎなかったということがわかる。そう、現代社会では、お飾りがケーキそのものと勘違いされ、人々はその危険な甘さに幻惑されていただけなのです。

明日のリーダーたちとはどんな人たちでしょう。それは今日、土地、美術工芸、手仕事を土台とした「愛の経済」というメッセージを真剣に受け止め、そこに新たな工夫を積み重ねる人たち。そして、単に経済だけでなく、知恵、生きがい、そして幸福も同時に成長するような新時代に向けて、先頭に立つ機会をつかむ人たちのことです。

これこそが成長という言葉のこれまでの定義に代わる、新世代にふさわしい成長の再定義です。「愛の経済」とは、人々が無意味な仕事や使い捨ての商品に群がる代わりに、有意義な活動を通じて成長しながら、生を謳歌できるような無数の機会を提供するでしょう。

エコノミーのもとになったギリシャ語の「オイコノミア（家の管理運営）」の本来の意味に立ち返って、その言葉に備わったよき力を再発見することです。

自然界の営みを一種の経済だとすれば、その「自然の経済」は何百万年ものあいだ、地球を見事に持続させてきたわけです。それなのに、人間がつくり出した成長の経済なるものは、わずか二、三百年ももたずに、人類のもつ能力や長所を奪いとってしまったのです。

無限の成長に執着する国々は、不可能な夢を追い求める危険な道を歩んでいます。過去百年を振り返るだけで、経済成長だけで、幸せや健康はおろか、満足な衣食住や教育さえ、国民に行きわたらせることができなかったのは明らかです。

消費主義や環境汚染という重荷をもたらしたばかりか、しまいには地球の生態系そのものを破壊するまで突き進もうとする経済成長という直線的《リニア》な考えを、今こそ拒否すべきときです。これまで経済成長と見なされてきたものは、海を汚染し、熱帯雨林を焼き払い、土壌を侵食し、生物多様性を破壊し、安い賃金と劣悪な労働条件で人々を抑圧することによって達成されてきた。そんな経済成長を私たちは望んでいるのでしょうか？　これに対して、「自然の経済」が人間に教えてくれているのは、あらゆるものが互いに支え合う循環型《サーキュラー》モデルの経済です。

直線的経済の破壊的な性質とは対照的に、循環型経済は、持続可能で再生可能な経済システムです。これまでのお金に基づく経済学を、愛に基づく経済学に置き換えるのです。思い出してください。地球は生きとし生けるものに、すべてを贈りものとして与えているということを。つまり、「自然の経済」は「愛の経済」に他ならないのです。お金は交換の手段にすぎない。それで豊かさを計ることなどできません。本当の豊かさは、大地の健康、人々の健康、そして想像力のたくましさによって計られるでしょう。

教育もまた、愛の経済の重要な一部です。教員を志した人々の大多数は、学び、成長し、成熟していく子どもたちを支え、そのために奉仕したいと願っているに違いありません。同様に、医療も愛の経済に欠かせない一部です。看護師や医師が病人の世話をするのは、困っている人に仕え、癒し、世話をするように彼らを突き動かすものがあるからです。美術工芸も愛の経済に欠かせません。手仕事、音楽、ダンス、詩、絵、陶芸、大工仕事などに携わるアーティストや職人は、自分の仕事を愛している。もしすべての商品やサービスが愛によって生産されるなら、そこにはより多くの美と創造性、より多くの想像力と楽しみ、より多くの幸福と調和が生まれるはずです。

経済成長の物語では、生産と消費が人生の目的となります。自然は、金儲けと利益の最大化のための単なる資源となる。人々はお金のシステムを動かす道具となる。でも、愛に基づく経済学では、生産と消費は単なる手段にすぎない。それが目ざすのは、人間の幸せと地球の幸せ。経済の成長から幸福の成長へ、お金に基づく経済学から愛に基づく経済学への転換こそ、この時代に生きる私たちに課せられた緊急の責務なのです。

# 13

# ローカルは愛
## Localism

愛に触れた途端、誰もが詩人になる

At the touch of love everyone becomes a poet.

——プラトン

危機はチャンスです。右翼ポピュリズムが台頭する中、グローバリゼーションとナショナリズムの意味を改めて考える機会が訪れています。例えば、英国のEU離脱《ブレグジット》推進派や、〝アメリカを再び偉大に〟と唱えるアメリカ共和党右派のように、「自国第一」を掲げる、一見、国家主義的な政治勢力が勢いを増している。とはいえ、「自国第一」は単なるスローガンで、現実とはスローガンのように単純なものではないことを忘れてはいけません。

ブレグジット派の場合、一方ではEUからの離脱を求めながら、他方ではさらなる経済のグローバル化を望んでいます。ニュージーランドやオーストラリア、アジアやアフリカ、そしてアメリカ大陸と世界との自由貿易の拡大が必要だと彼らは言う。でもそのためには、商品やサービスを世界中へと大量に輸送しなければならない。大陸から大陸へと製品やサービスを輸送するために、どれだけの化石燃料が必要になるだろう？　こうしたグローバルな取引が環境に与える影響は？　気候変動はどの程度のペースで加速するのだろう？　そして、こうしたグローバルな取引から利益を得るのは誰なのか？

得をするのは、多国籍企業や大銀行などのグローバル・プレーヤーたちだけです。富める者はより富み、貧しい者は貧しいまま。グローバリゼーションは、海外の安価な労働力への依存を高める一方で、国内で失業を、世界中では環境汚染や天然資源の浪費を増大させる。偏狭なナショナリズムとグローバル経済との〝結婚〟は、不平等、持続不能性、そして不幸をもたらすことになるでしょう。

今こそ、新しいローカリズム―地域を中心とするビジョンが必要です。人々が再び主人公となって、生活、経済、地域社会、文化の主導権を取り戻す。そして、自然環境に対する虐待に、歯止めをかけるのです。

ローカリズムとは、ローカルな愛、地域への愛です。それは、地域経済を励まし、地域文化に力を与え、地域の固有性を応援します。ローカリズムの旗印の下、美術工芸などの手仕事で発揮される庶民の創造性にも光があたるでしょう。経済や商業も社会にとって必要だとはいえ、それらが地域の人々の生活を支配することがないよう、制約を設けるべきです。人生とは、商売や消費以上のものであるはず。豊かな人生には、コミュニティや文化、美や持続可能性、技術や職業などが必要です。人間は単なる消費者ではなく、〝創造する者〟なのですから。

ローカルな愛は、地域の自律を促します。人々はそれぞれの地域で、健康によく栄養価の高い食べものを育て、食べる。美しい家を建て、日用品を製造し、美術工芸を振興し、科学技術を賢く利用する。目指すべきイメージとしてこう考えてみたらどうでしょう。物品とサービスの約六十%を地産地消で、二十五%を国内から、そして十五%を外国から調達する。こんなバランスが実現すれば、私たちの手元に経済の主導権を取り戻すことができるでしょう。

ローカルとインターナショナルは矛盾しないばかりか、お互いに補い合う関係にあることを忘れないでください。私たちは地球的（グローバル）に考え、ローカルに行動する必要があるのです。それを表すのに、〝グローカリズム〟という言い方もできます。それは外国人に対する嫌悪や優越感とはかけ離れたもの。心の狭いナショナリズムは〝小さな心と大きなエゴ〟の産物ですが、グローカリズムは〝大きな心と小さなエゴ〟の表現です。ナショナリズムと違って、グローカリズムはあらゆる文化、あらゆる国、あらゆる人種、あらゆる信仰を尊重する。その信念は「互恵」。思想や芸術、音楽や詩、ダンスや演劇、科学や哲学の国際交流を大切にします。

マハトマ・ガンディーは経済と政治の地方分権について語りました。地方分権にはローカル化《ローカリゼーション》が必要です。E・F・シューマッハー*も、「小さいことは美しい《スモール・イズ・ビューティフル》」と言い、経済を地球規模ではなく、人間規模で維持することを推奨しました。私たちは、こうした思想家の知恵に学び直して、社会的に公正で、環境も持続可能で、精神的にも満たされた経済を組み立てなくてはなりません。その経済は人間の想像力、技能、創造性、自律性を土台とし、人間的な魂、そして何よりも愛に根ざしたものでなければなりません。グローバル経済が、社会的つながり、生態系の健全性、そして人間の想像力を犠牲にして、一％の人々の金銭的利益を最大化することに専念しているのに対して、ローカル経済が目指すのは、すべての人々の個人的、社会的な幸せです。

絶望している場合ではありません。悲観しているときではありません。悲観的な人は活動家《アクティビスト》にはなれない。アクティビストであるためには、楽観的でなければならない。信念を貫く勇気をもつことです。希望をもって前へ進むのです。チェコスロバキアの民主化を率いた、ヴァーツラフ・ハヴェル※は言いました。

「希望とは、何かがうまくいくと確信することではなく、それがどの程度うまくいくかに関わらず、でもやっぱりこれが道理にかなっていると確信すること」

今こそローカル経済を発展させるときです！　アメリカの詩人クラリッサ・ピンコラ・*

エステスが言う通りです。

「よき船は港に停泊していれば安全だ。それは間違いない。だが、よき船はそのために造られたのではない」

よき船は海に出て、嵐に立ち向かい、航海を続ける。同じように私たちは、右翼ポピュリズムの嵐の中を航海するでしょう。今こそ、環境運動家、地方分権主義者、地域主義者、アーティストといった活動家たちの出番です。私たちはこの試練に立ち向かえるかって？ローカリゼーションの運動を、愛と自律の経済の草の根運動を、ボトムアップでつくり始めることができるかって？ 大丈夫、自然そのものが私たちのモデルになってくれます。

自然は自律的であり、分散的です。自然界の営みを一種の経済だとすれば、それは、ゴミや汚染もなく、加速や搾取もない、地域に根ざしたローカル経済です。私たちは自然に見習って、それぞれの場所の経済を発展させるのです。そうすれば私たちも廃棄物や汚染のない経済を創り、環境正義と社会正義を同時に実現することができるでしょう。

14

# 都会にも愛を
# ロンドンの小さな奇跡

Cities

新しいアイデアは古い建物でつくられる

New ideas must use old buildings.

——ジェイン・ジェイコブズ*

ロンドンの中心部、オックスフォード・ストリートの近くにある友人のオフィスを訪ねていたときのこと。お茶を一杯いただいた後、「私の庭を見たいかい」、と彼が言います。オフィスやスーパーマーケットやデパートが立ち並ぶこの界隈に、庭をつくるという発想に私は驚きました。友人の案内で屋上に出ると、そこには隅々までハーブや草花で覆われた、すばらしい庭が広がっていました。そこにはミツバチの巣箱まであります。

友人は蜂蜜の入ったポットを私に手渡し、ここでできたものだと誇らしげに言います。「植物たちからミツバチが受粉して、こうして甘くておいしい癒しの蜂蜜を与えてくれる。ロンドンのど真ん中で、こんなことが起こるなんて、奇跡じゃないか?」

ロンドン中心部のビルの屋上に、緑豊かな庭やミツバチの巣箱があることさえ知らなかった私にとって、それは感動的な体験でした。

ロンドン中心部はコンクリート・ジャングルだという思い込みがあります。私の友人のような庭をもつためには、都会を離れ、いっそのこと田舎暮らしをしなければ、そんな贅沢はかなわないと考えがちです。しかし、ロンドンにある住宅、オフィス、学校、大学、病院などのすべての屋根を合わせると、何千ヘクタールもの未使用のスペースが広がっている。それを農地として利用するのです。同じことを世界中の大都市にあてはめてみましょう。空いている屋根のスペースをすべて使って、サラダやイチゴを栽培し、ミツバチに避難場所を提供してはどうでしょう。

屋上庭園を手がける私の友人は、きっと、会社《カンパニー》という言葉のもともとの意味を理解しているのでしょう。カンパニーのラテン語の語源は、「一緒に」を意味するｃｏｍと、「パン」を意味するｐａｎｅからできています。パン、つまり食べものを共に分かち合ってこそ、本当の意味での会社になれるのです。だから、屋上庭園だけでなく、オフィスにはキッチンがあるべきです。そして昼食に、できたての料理をみんなで楽しむのです。

私はビジネスの現場を訪ねるときはいつも、ここは会社ですかとたずねます。すると「もちろん会社です」という力強い返事が返ってきます。そこで私は「ではキッチンを見せてください」、と笑顔で促します。

「え、どういう意味ですか？　うちはレストランじゃありません」

「でも、会社であるためには、〝パンを一緒に食べる〟のが必要なんです。厨房もなく、パンを焼いて共に食べることもなしに、どうやって会社になれるしょう？」

言葉の由来についての私のこの話に、人々が好意的に反応してくれるのを見て、私はいつも感動します。食事を共にすることで、どんなに人と人とのつながりが深まるかをみんな知っています。ビジネスにおいても同じ。仲間意識や和気あいあいとした雰囲気が、ビジネスをよりよく、より強いものにするでしょう。

どんな都市にも、緑化に利用できる膨大な屋根のスペースがあるだけではありません。垂直庭園に変身させることができる、これまた広大な壁面スペースがあります。一部の都市では、エコロジーを重視する園芸家たちが、壁沿いにエンドウ、豆、ニンジン、花を栽培する実験に成功しています。

世界中の日当たりのよい都市では、高層ビルの壁面が垂直庭園に生まれ変わるのを待っています。この壁面庭園では食料や生花を生産できるだけでなく、建物の断熱効果を高め、暑さを和らげる天然の空調にもなり得ます。屋上や壁面へと広がった庭は、同時に、大気から大量の二酸化炭素を削減して、気候変動の影響を緩和するのにも役立つことができるのです。さらにオフィスで働く人々は、ときおりデスクやパソコンのスクリーンから離れて、バラやローズマリー、タイムやトマトの世話をすることもできる。土とつながり、テクノロジーから距離を置くことで、私たちはより穏やかで健康的な人間になれるでしょう。

ガーデニングはお腹を満たすためだけでなく、体と心、そして魂の健康にも効果的です。つまり、一種のセラピーなのです。長時間デスクワークをしている人にとっては、屋上庭園で土をいじったり、堆肥の手入れをしたりしていれば、十分な運動ができて、高いお金を払ってジムの会員になる必要もなければ、ルームランナーで走る必要もない。屋上や壁面の菜園や庭園は、単なる目新しさや視覚的な楽しみを超えた、都市生活者にとって、なくてはならない健康法となり得るでしょう。

都市を持続可能な社会にとっての障害と見なしてはいけません。現在、世界人口の約半分が都市に住んでいる。この人々が突然、農村での生活を求めて移住できるわけではありません。むしろ、都市を持続可能な生活の場へと変えていく必要があるのです。

持続可能な都市に向けたもう一つのステップは、太陽光発電の利用でしょう。すべての都市の屋上にある庭園に、ソーラーパネルを設置することもできる。耕作地にソーラーパネルを並べるのではなく、都市の建物の屋上に緑の庭とパネルとを併置できればいいのです。食料を生産する土地を、エネルギー生産のためのソーラーパネルにとり替える必要はない。食料を育ててくれる日当たりのよい肥沃な土地を、私たちは守らなければなりません。

都市の屋根から太陽エネルギーを集めると同時に、水を集めることもできる。その水は、屋上菜園や壁面庭園を灌漑するのにとても役立つでしょう。雲は、化石燃料など使わずに、すべての屋根に無料で水を運んでくれます。雨水は寛大な自然からの恵み、贈りものです。私たちはそれを大切にし、感謝しながら、継続的に収穫すべきです。ルーフガーデン、ウォールガーデン、ソーラーパネル、そして雨水利用によって、私たちは都市を変えることができる。遠くの資源への依存を軽減し、これまで都市を環境によい場所にすることを阻んできた障害を、取り除いていくことは可能なのです。

# 15

# 都市と田舎をつなぐ愛
## 知られざる香港
## An Urban-Rural Continuum

思慮深く、真剣な市民の小さなグループが
世界を変えられることを疑ってはいけない
実際、いつだってそれが世界を変えてきた、
たった一つの方法なのだ

Never doubt that a small group of thoughtful,
committed citizens can change the world;
indeed, it is the only thing that ever has.

——[*]マーガレット・ミード

都会が好きなら、その都会を住みやすく、持続可能なものにしなければいけない。人間的な規模《ヒューマン・スケール》を維持する必要もあるでしょう。理想的な都市の規模は二百万人以下だと言われます。市民が、レストラン、図書館、劇場、商店などに歩いていけるのも大事です。そんなヒューマン・スケールの都市は、農園や果樹園、村落からなる、活気に満ちた田園地帯に囲まれていなければなりません。持続可能で再生可能《リジェネラティブ》な未来のためには、都市と農村の調和のとれたバランスが必要なのです。

香港といえば消費主義文化のメッカ、というイメージからすると、その香港に自然保護は場違いと思われるかもしれない。確かに、香港島は世界的な金融の中心地、多国籍企業の本拠地ですが、香港として知られる地域は二百以上の島からなっていて、香港島はその一つにすぎません。建物が建っているのは香港の行政区域のわずか二十五%にあたる百平方キロメートル、そこに八百万人が住み、残り七十五%にあたる三百平方キロメートルは、丘陵、森林、草原、畑、農場などで占められている。その三百平方キロメートルを、開発への果てしない欲望から守るには、保護や手入れ、耕作などを続ける必要があります。

開発業者と言われる人たちは、野原や草原といった自然の風景が、ただ開発を待っている土地に見えるようです。しかし、他の主要都市と同じように、香港にも、自然の景観を守るために闘っている環境活動家《エコウォリアー》たちがいます。うれしいことに、その中には私の友人たちも含まれています。彼らはいわゆる〝未開発地〟の擁護者であると同時に、銀行やビジネス、建設業者が主役を務める経済とは別に、もう一つの経済があり得ることを示す、立派なモデルをつくり出しています。それは自然と調和する経済です。天然資源《ナチュラル・リソース》と呼ばれるものが単に利益をあげる手段ではなく、むしろ自然こそがすべてのいのちの源《ソース》であることを、私たちに思い出させてくれます。

香港の行政区域の四十%は、国定公園と自然保護区に指定されています。この事実を知る人は多くありません。第二次世界大戦後、津波のような建設ラッシュがこの地域を襲い、原生の熱帯雨林の多くが開発業者に伐採されてしまったものの、保護されるべき二次林はまだまだ残されています。

こうした保全運動の最良の例の一つが、私の友人、アンドリュー・マコーレーが率いるカドゥーリ農園・植物園です。アンドリューと二百人のスタッフは、シンプル、サステナブル、スピリチュアルという三つの言葉に示される理想の実現に向けて、献身的に働いています。合わせて百四十ヘクタールの土地でパーマカルチャーと造林事業を展開する他、地元の学校向けに教育プログラムを運営しつつ、世界中から訪れる観光客を迎えます。カドゥーリ農園が設立されたのは一九五〇年代。アンドリューの叔父が、貧しい農民たちに自助努力の機会を提供する目的で始めたものでした。

アンドリューは自然保護活動家であるだけではなく、詩人であり、哲学者です。彼は地球と人々に奉仕する人生を選びました。生物多様性を豊かにすること、人々の環境意識を高めること、そして食料生産を増やすことを通じて、香港のような経済の中心地でさえ、人々が自然を育み、未来を守ることは可能だという、よいお手本を示してきたのです。

持続可能性という考えは、スピリチュアリティなしには成り立たない、というのがアンドリューの考えです。彼はこう言います。

「私たちの環境活動は単に恐れではなく、愛に基づいています。私たちは自然が大好きなんです。動物を、植物を、鳥を、昆虫を愛している。すべての生命を愛している。人々にカドゥーリ農園を訪れて、私たちがしていることを見てもらい、自然を体験し、生命の美しさ、気前のよさ、豊かさを知ってもらいたいのです。自然の魅惑的な生命力を、視覚で、嗅覚で、味覚で、触覚で感じとるとき、人々はもう、不思議な神秘の世界に入り込んでいるんです」

カドゥーリ農園は、農業の分野でも、生態農業《アグロエコロジー》、パーマカルチャー、自然農法、有機農業などの輝かしい模範となっています。食料生産のプロセスは、カドゥーリ全体が取り組んでいる生態系保全活動と一体です。アンドリューは言います。

「私たちはみな、食料を必要としています。それなしには生きられない。それなのになぜか、食料を生産する農民は見下され、軽視されている。だから、カドゥーリの仕事は、農家の尊厳を取り戻すことでもあるんです」

彼の言う通りです。現代世界の価値観と物事の優先順位は、あまりにも歪んでいる。それを見れば、地球生態系が今のような危機的状況にあるのも不思議ではありません。

カドゥーリ農園・植物園は農業分野の拠点であると同時に、教育活動の中心地でもあります。私は光栄なことに、そこで、「私たちのルーツ：文化、自然、魂とのつながり直し」と題した講座を担当させてもらいました。講義は、タイポーという町にある「グリーン・ハブ」で行われています。このグリーン・ハブという建物は、カドゥーリが香港政府と共同で、一八九九年に建てられた警察署の建物を再生したものです。重要な歴史的建造物をエコ建築として蘇らせることで、自然保護と持続可能な暮らしというカドゥーリのビジョンを示そうとしているわけです。
古代から続く林に囲まれた丘の上に建つグリーン・ハブは、静けさと平穏に満ちた都会のオアシスです。香港中の人々が、想像力を駆使して居心地のよい空間として修復されたこの旧警察署を見学したり、「イート・ウェル」と名づけられた食堂で、オーガニックのおいしい料理を楽しんだりするためにやってきます。この食堂が目指しているのは、ローカルで旬の健康的な食材を使った料理を客に学んでもらい、フードロスや肉食を減らす方法を知ってもらうこと。これは今や、多くの人々にとって目新しいことではないかもしれませんが、香港の食文化に慣れ親しんできた人たちにとっては、まだまだ画期的な考え方なのです。

そんな考え方はイート・ウェル食堂だけのものではありません。香港島の中心部には、同じような理想を掲げるもう一つの飲食店があります。それは、ベジタリアン・レストラン「マナ!」。創業者は、二〇一二年以来、菜食中心の手軽なファストフードの市場を、香港で開拓してきたボブシー・ガイア。揺るぎない強い決意と確信をもって事業を展開してきたボブシーですが、香港で〝環境に優しい〟ビジネスを手がけるのは生やさしいことではない、と吐露します。とにかく、香港人は忙しい、とボブシーは言います。

「そういう人たちに私が提供したいのは、ファスト・スローフード。私は証明したいんです。新鮮な食材でつくられる、質の高い、ゴミを出さない料理が食べられるということを。実際には、うちから月に二トンの生ゴミが出るけれど、それはみな有機農場に送られ、土壌微生物の食べものになります。廃棄物は自然に対する犯罪ですよ。私たちのモットーは〝食べることを大切に〟です」

彼の素敵なレストランで食事を共にしながら、このボブシーの話を聞いていた私は、飢えた人々が食べものを求めて列をなす一方で、効率を誇る〝先進国〟の家庭やレストラン、スーパーマーケットが、食料の四割を捨てているという現代世界の皮肉について思いをめぐらせたものです。ボブシーはこんな話もしてくれました。

「香港という言葉は〝よい香りの港〟という意味なんです。昔々、人々は香港の港から芳香を放つ白檀のような木材を輸出していた。それが香港という名前の由来です。そのよい香りの木材はもう輸出されていませんが、食べものの香りや甘い香りのする草花は、まだここにある。だからそれを保護する必要があるんです」

アンドリューとボブシーの活動は、自然への愛、人々への愛、そして地球への愛に根ざした仕事の見事な例です。彼らにとって、愛は、〝地球市民〟という意識に欠かすことができません。カドゥーリ農園・植物園と「マナ！」は、それぞれのやり方で、都市と田舎との調和が可能であるだけでなく、不可欠であることを私たちに気づかせてくれます。そしてお手本を示すことで、私たちを刺激し、新しい道へと誘ってくれます。

16

# GNH（国民総幸福）小さな国、ブータンの挑戦

Bhutan

私たちの人生の目的は幸せ
そしてその幸せの源は満足、思いやり、そして愛

The purpose of our life is to be happy, and the sources of happiness are contentment, compassion, and love.

――ダライ・ラマ法王14世

ブータンのジグメ・シンゲ・ワンチュク第四代国王は、一九七二年、ニューヨーク訪問の際に、ジャーナリストから自国のGNPについてたずねられ、「知らない」と答えたそうです。そして、GNP（国民総生産）は知らないが、自分にとってもっと重要なのはGNHの方だ、と言ったのです。GNH、つまり、全国民が幸せであるかどうかが大事なのだ、と。

その場でとっさに生み出されたこの奥深い答えは、世界中の想像力をかき立て、新聞の見出しを飾りました。それ以来、世界中の社会活動家、環境活動家、経済学者たちがGNHについて語るようになりました。数力国の政府も、GNPやGDP（国内総生産）という経済指標に加えて、人々の幸福度や満足度を測定し始めます。そして二〇一一年、国連総会はGNHを開発理念の不可欠な一部とする決議を採択しました。人々は、経済成長から「幸せの成長」へと重心を移した新しい考え方に目覚めつつあるようです。

二〇一四年、シューマッハー・カレッジとブータンのGNHセンターは共同で、GNHの原理、GNHの経済学、その実践への応用を探求する一年間のプログラム「ライト・ライブリフッド（よい生き方）」を開始しました。この講座は、一部は英国で、一部はブータンで行われました。この講座に講師として招かれた私は、妻のジューンと、二〇一五年三月、デリーからカトマンズを経由し、ブータンのパロまで旅をしました。世界の屋根、ヒマラヤ山脈の上空を飛び、雪に覆われた原始の峰々を目の当たりにし、その美しさに息をのみました。

パロはブータン唯一の国際空港で、他の空港とは異なり、ブータンの伝統的な建築様式をとり入れた、ユニークなデザインになっています。私たちを出迎えてくれたのは、それまでの一年半、GNHセンターでボランティアをしていた私たちの友人で、シューマッハー・カレッジの元学生でもある、ギャビー・フランコでした。約一時間のドライブの後、私たちはブータンの首都ティンプーに到着、同じく伝統的なブータンの建築様式で建てられたホテルに落ち着きました。

その後いく度も、住宅、ホテル、店舗、オフィスビルなどの建物が、すべてこの独特の様式でデザインされ、そこに施されている装飾も地域の文化に則ったものであることに、感銘を受けました。どこへ行っても、〝この土地にやって来た〟、〝他でもないこの場所にたどり着いた〟、といった実感が湧くのです。

ほとんどの近代的な都市に、そんなことは望めません。均質な高層オフィス街や住宅団地は、世界のどこにでもあります。ニューデリーでもニューヨークでも、ビルが立ち並ぶコンクリート・ジャングルの中に身を置くことになるでしょう。それだけに、ブータン特有のシンプルで味わい深いカラフルな建築に囲まれるのは、新鮮な空気を吸い込むような気分でした。

ブータンの元首相ジグメ・ティンレーは、GNH理念の先頭に立つリーダーでした。私の滞在中、自宅で昼食会を開いてくれた彼と、GNHに基づく開発のあり方について議論しました。ティンプー渓谷を見下ろす丘の上にある美しい家は、こじんまりしてシンプルでした。ジグメ・ティンレーは親切で、謙虚で、もてなしの心に溢れるホストでした。私たち夫婦に加え、教育大臣（当時）のタクル・ポウディルと、GNHセンターの創設メンバーであるサームドゥ・チェトリが同席してくれました。おいしい菜食の料理を楽しみながら、私はこのような集いのもつ力、つまり、ただ一緒にいるだけで、世界によいことをなし得るのだということを再認識しました。

ジグメ・ティンレーによれば、ブータンにおけるGNH（国民総幸福）の基本原則は以下の四つです。

一、すべての経済開発は、自然環境の持続可能性と、経済的平等の理想に裏打ちされるべきこと
二、生物多様性と自然生息地の保全は、すべての人間活動の中核であるべきこと
三、進歩と近代化の名の下に、ブータンの伝統文化と仏教的価値観を破壊しないこと
四、善良でクリーンな統治を、政治の中心に据えるべきこと

これらはもちろんすばらしい願いです。ただ、ジグメ・ティンレーは、経済成長に執着する二つの巨大な国に挟まれた小国であることの難しさを語ってくれました。北は中国、南はインドです。「幸せであるために、私たちはその両方と仲よくしなければなりません」と彼は言い、近代化と物質主義を受け入れさせようとする大きな圧力がブータンの上にかかっていることを認めます。さらに、ブータンの若者たち自身が、インターネットや広告の普及によって、近代化を望むようになっている。彼らはテレビやデジタル文化へのアクセスを奪われることを望んでいない。彼が言うように、この小さな国は大きなジレンマに直面しているようです。どうすれば、古い文化を守りつつ、二十一世紀を生き抜くことができるのか。それはまさに、「ライト・ライブリフッド」のプログラム全体を通し

て問われ、探求される中心的な問いでした。ティンレーはこう言っていました。

「ブッダとダライ・ラマの教えを思い出し、耳を傾ける必要があります。その教えは、成功《サクセスフル》することよりも喜びに満ちて《ジョイフル》いることの方が大切だということを、いつも私たちに思い出させてくれます」

昼食の最中も、講座の中でも、しばしばお金のことが話題にのぼり、雇用と仕事との違いをめぐって話し合いが起こりました。例えば、こんなふうに。仕事をするのは、給料をもらっているからだ。私たちは雇用主の命令に従うしかない。企業や会社のルールに従わなければならないのなら、自発性や想像力、創造性を発揮する機会はほとんどない。それなら、従業員は組織という機械の歯車にすぎない……。

しかし、本当にそうでしょうか。「生活《ライブリフッド》」ということ、「仕事」ということについて、改めて考えてみる必要があります。その人の仕事と天職とが合体しているのが本来のあり方です。「よい生き方《ライト・ライブリフッド》」では、自分の仕事を愛し、自分が愛していることを仕事とする。その仕事は、内なる声に導かれるようにして、その人の下にやって来るもの。金銭の授受は単なる手段にすぎません。人間的な生活では、仕事は何かのための単なる手段ではなく、それ自身の内在的な価値をもっているはずです。だからこそ、仕事には充足感や充実感が溢れる。人生は、想像力、創造性、自発性、そして生きがいに根ざしたものになるでしょう。料理人であれ、庭師であれ、陶芸家であれ、画家であれ、デザイナーであれ、ダンサーであれ、どんな職業を選ぶにせよ、人は何よりもまずつくり手であり、創造者であり、詩人です。詩《ポエム》という言葉の語源は、ギリシャ語で〝つくる〟を意味する「ポエシス」から来ています。生命の本質を表す「オート・ポエシス」という言葉がありますが、「自《おの》ずからつくる」という意味です。私たちが想像力を駆使して、自ずから進んで制作し、作曲し、創作するものはすべて詩。すべての仕事は詩であるべきなのです。

食事の後、ジグメ・ティンレーは私たちを、花や果樹、ハーブや野菜でいっぱいの、広くて華やかな庭に案内してくれました。私は彼のような政治家が、自分の庭をとても誇りに思っているのを知ってうれしくなり、彼にそう伝えました。すると、彼はこう答えました。

「政治の世界では頭を使う私ですが、この庭では心を養い、手を使うことで、健康を保つのです」

一九七三年、E・F・シューマッハーは「仏教国の経済学」というエッセイを書きました。西洋の経済学者が、仏教と経済学という二つの言葉を一緒に並べたのは、これが初めてのことでした。仏教と経済学に一体どんな関係があるのかと問われたシューマッハーは、こう答えました。

「仏教的価値観や倫理観のない経済学は、香りのない花や、意味のない言葉のようなもの。倫理と結びついていればこそのよい仕事であり、よい生き方だ」と。つまり、GNHは雇用をではなく、よい生き方を促進するものなのです。

人はよい仕事と生き方を通してのみ、真の幸せのもとになる満足感、慈悲、愛を見出すことができます。ブータンは、聡明なリーダーシップ、仏教的価値観、そしてGNHという目標の三つを組み合わせることによって、雇用経済よりも〝よき生き方のための経済〟を選ぼうとしているようです。

ダライ・ラマは言いました。「慈悲と愛を実践するために、仏教徒である必要はない」、と。そもそも、仏教は宗教ではなく、慈悲と愛を実践して幸せを見出す生き方のこと。真の幸福は、政治的な権力や地位、あるいはお金や物質的な財産によってもたらされるものではない。真の幸福は愛からやって来る、と。

世界で最も小さな国の一つ、ブータンは、ヒマラヤの高地にひっそりと佇んでいるように見えます。そこなら現代の深刻な問題から逃れるのは簡単だ、と思うかもしれません。でも実は、この現代世界において、エコロジーとスピリチュアルな価値を中心に据えた国であり続けることは、かつてないほどに困難なことなのです。とはいえ、私たちは忘れてはなりません。現代の産業社会を築いてきたのは、私たち人間だということを。だから、同じ私たち人間がそれを手なづけ、変革することもまた可能だということを。

17

# エコロジー文明
# 大きな国、中国の挑戦

## Ecological Civilization

誰かに深く愛されることは、あなたに力を与え、
深く愛することは、あなたに勇気を与える

Being deeply loved by someone gives you strength,
while loving someone deeply gives you courage.

——老子

中国の現代史は大きな変化の連続です。共産主義革命、文化大革命、産業革命、消費主義革命が猛スピードで押し寄せてきました。近年、中国はかつてない成長と発展を遂げ、その結果、大気汚染、水質汚染、土壌汚染といった深刻な問題を引き起こしています。このような急速な工業化はまた、田舎から、新しく建設された大都会への大量移住をもたらしています。

長年人々に愛されてきた貴重な自然環境が荒廃し、劣悪化することを憂慮する多くの市民が、長期的な解決策を模索し始めています。中国の宗教、文化、芸術、詩、そしてライフスタイルは、長いあいだ、自然と調和して生きるという考えに根ざしてきました。しかし、そのような長年にわたる文化でさえ、急速な発展による心理的・環境的危機に太刀打ちできませんでした。しかし、この危機に中国人は、自分たちのやり方を見直す機会を見出しているようです。二〇〇七年、「生態文明《エコロジー》」という新たな夢と約束が地平線上に姿を現わしました。この理念は共産党の憲法に明記され、その第一歩として、北京に「エコロジー文明協会」が設立され、中国全土の地域や省にも支部が置かれました。後には、政府の各省庁にエコロジー文明のビジョンを共有し、その実践を促す特別チームが設置されました。

現在、中国を率いている世代は、経済成長の追求に終始しているというのが一般的な見方でした。彼らの考え方と行動は、すでに産業文明の枠の中にしっかりと縛りつけられている。だからもし、エコロジー文明に希望があるとすれば、それは、同じ産業文明の枠の中に入り込む前の次世代教育だろう、と。

若い世代には、自然保護、持続可能性、エコロジーといった新しい考え方を身につけるための教育が必要でした。そこで、中国の教育省は、いくつかの大学でエコロジー文明の理念と方法論を紹介する、多くのプログラムやコースを設けたのです。

私はこのエコロジー文明の推進という動きが、日常生活そのものに及ぶエコロジー的価値への転換を本当に目指すものなのか、それとも単なるスローガンや決まり文句を並べただけのものなのか、を知りたいと思っていました。自然保護に知的興味や学術的関心が集まっていることに疑いはなかったものの、エコロジー文明協会の発足以来十年が経過し、その興味や関心が実際にどう応用されているのか、具体的な成果を見てみたかったのです。

そのチャンスが到来したのは二〇一八年のこと。福州の町にある農林大学のゲストとして招かれたのです。講師として私に与えられている課題の中心にある問いは明らかでした。

「エコロジー文明と経済的繁栄をいかに両立させるか?」

この普遍的なテーマに内在するいくつかの難問について考えをめぐらすうちに、私が唱えてきた「ソイル(土)・ソウル(魂)・ソサエティ(社会)の正三角形《トリニティ》」を、中国文化の文脈に置き換えてみてはどうか、と思いついたのです。

中国史上、文化的に最も深い影響力をもつ三人の人物は、老子、ブッダ、孔子でしょう。彼らはエコロジー文明の基礎を築いたという点で共通しています。彼らの教えは、「ソイル」、「ソウル」、「ソサエティ」のそれぞれを体現していると、とらえることができます。

まず、老子は自然哲学者です。彼は例えば、こういう言葉を残しています。

「大地は人々を司る、神聖な船である」

「自然の美に決して落ち度はなく、我らはその完璧さへの畏敬に包まれて生きる」

こうした老子の叡智は自然に根ざしています。彼こそ、「ソイル」の声の代弁者だと、私には思えるのです。

ブッダは、私たち人間と魂との絶対的で揺るぎない一体性を代表しています。つまり、私が言う「ソウル」の代弁者です。仏教の観点からすれば、エコロジーは単に外なる〝もの〟の秩序ではなく、愛と慈悲の土台の上に築かれるべきです。例えばブッダはこう言いました。

「世界全体に向けて、無限の愛を放ちなさい。上にも、下にも、横にも。妨げなく、悪意なく、敵意なく。計らずに愛しなさい。無条件で、全面的に愛しなさい」

そして、三人目は孔子です。彼が私たちに求めるのは、自分自身に全責任をもって、人類全体と完全に調和して生きることです。孔子が代表しているのは社会、私の言う「ソサエティ」でしょう。こうして、集団としての人間（ソサエティ）の幸せが、地球（ソイル）の幸せ、個々人の魂（ソウル）の幸せと三角形をなして融合して、エコロジー文明を形成するのです。


エコロジー文明の理想は、温鉄軍《ウェン・ティエジュン》教授が始めた「新農村復興運動」の中に、見事に息づいています。このムーブメントは、適切な土地利用、生態農業《アグロエコロジー》、農村の工芸、手づくりの食品などの活動を通じて、中国経済とエコロジーを再結合することを目指しています。

私たちの議論の中で、温教授は習近平国家主席のこんな言葉を引用しました。

「中国は人と自然の正しい関係を維持しなければならない。この自明の真理は、過去数十年間、わが国が経済成長の圧力にさらされてきたため、見過ごされがちだった」

私は温教授にこうたずねました。習近平国家主席のこの言葉と、中国が追求する継続的な経済成長とのあいだに矛盾はないのか、と。温教授はそれにこう答えてくれました。

「はい、一見、矛盾しているように見えます。物事は一朝一夕に変えられるものではありません。また、中国政府の誰もがエコロジー文明の理想に全面的に賛同しているわけではない。中国はかつて、深刻な貧困に直面していたので、政府の最初の仕事は、何百、何千万もの人々を、貧困から救うことだった。そしてそれは達成されました。今こそ、私たちは方向転換を始めることができます」

温教授は「習主席は政治家であると同時に哲学者でもあるんです」、と言って、主席のこんな言葉を紹介しました。

「宇宙に地球は一つしかなく、人類の祖国も一つしかない。緑の山ときれいな川は、私たちにとって、金の山や銀の川と同じか、それ以上のものだ」

温教授はこう続けました。

「中国は、エコロジーと経済の共生を望んでいます。エコロジー文明の目標は、国連の持続可能な開発目標よりも優れているでしょう。中国文明は古代から続く文明です。五千年の歴史がある。これから少なくとも五千年以上は続くようにしなければならないんです」

北京の「中国生態文明研究促進協会」の第一人者であり、スポークスマンでもある王さんにも会うことができました。彼はこう話してくれました。

「私たちの最終目標は、中国を美しく保つことです。習主席も公の場でこう主張しています。『自然を害すれば、いつかそのつけが自分に戻ってくる。だからこそ中国は、地球温暖化という課題に取り組む世界的な努力の先頭に立ち、エコロジーを経済という列車の運転席に座らせなければならない』と。澄んだ空気、きれいな水、汚されていない土壌、青い空を当たり前のものと考えるのは、まったく愚かなこと。空気や水を汚し、土を毒し、空を温室効果ガスで満たすことは、自分が座っている木の枝を切る愚か者のような振る舞いです。私たちの理想は、すべての国が一丸となって、エコロジー文明という考えを、我がものとしてくれることです」

王さんの言葉に私は感銘を受けました。でも同時に、私はどうしても一つ、言っておかなければならない、と感じました。空気、水、土壌を汚さず、きれいに保つには、政治以上の何かが必要だ、と指摘したかったのです。私は彼にこう言いました。

「私たちは空気、水、土を愛する必要があります。愛するものを守るのが私たちです。これらの資源は単に〝役立つもの〟ではなく、生命そのものなのです。いのちへの愛こそが最高の愛のかたちであり、その愛の上に築かれた文明のみが永続するでしょう」

どの国にも欠点や短所を見つけることはできます。でも、よきことの芽生えにも目を向けるべきでしょう。「エコロジー文明」という理念は、中国の大地からの立派な萌芽です。それは世界的なインスピレーションの源ともなり得るものだと私には思えます。

18

## 愛・非暴力・平和

Peace

私たちは恋に落ちるまで眠っている

We are asleep until we fall in love.

――レフ・トルストイ

レフ・トルストイの『戦争と平和』は、愛と裏切り、喜びと悲しみ、贅沢と貧困の物語です。でも何よりもくっきりと描かれているテーマは、戦争の無益さと、平和の前提となる愛の重要性でしょう。

戦場での絶望的な殺戮を経験したアンドレイ王子は、ピエール・ベズーホフにこう言います。

「人は殺し合うために集まり、何万という人を虐殺し、傷つけ、おまけに多くを殺せたことへの感謝の祈りを捧げる。神はどのようにこの姿を見下ろし、その声を聞くのだろうか?」

もっともな問いです。この問いについて、世界中の大統領や首相が、職に就く前に熟考することを義務づけられているならいいのですが。戦争は地獄であり、すべての戦争は大惨事に終わるしかないという真理中の真理を受け入れるためには、世界の政治問題を解決する手段としての戦争を、勇気をもって放棄するしかありません。このトルストイの知恵こそ、『戦争と平和』と共に届けられた、私たちへの贈りものなのです。

もちろん、戦争当事者たちはみな、自分たちの側にこそ、より崇高な理想があると主張します。彼らは宗教のため、民主主義のため、国家安全保障のため、あるいはテロの脅威を根絶するために戦っていると言いつのります。しかし実際には、宗教、民主主義、安全保障こそが戦争の犠牲になるのです。そして、罪のない男性、女性、子どもといった普通の市民が恐怖にさらされ、家、学校、商店、病院、モスク、教会が破壊されます。戦争のせいで、多くの国が難民の〝洪水〟に見舞われます。何百万もの人々が貧困に陥り、故郷を追われ、他の土地に避難することを余儀なくされます。一体、何のために？　その問いは結局、戦争を推進する人々のエゴと傲慢、私利私欲、政治的野心、権力への執着などに帰結します。しかしおかしなことに、難民が自国にやってくることを望む政府はほとんどない、らしいのです。食料、仕事、宿泊施設、教育、医療を何百万人もの人々に短期間で提供したり、ましてや孤立感を与えないようにケアしたりするのは容易ではなく、そんなことを進んでやる国などない、というわけです。

戦争は難民を生みます。もし各国政府が難民を抱えたくないのなら、戦争をすべきではありません。戦争をする者は誰でも、出る難民の数だけ受け入れる準備をしなければなりません。戦争をしておいて、難民の入国を禁止するのは職務怠慢というものです。内戦の場合も同様です。さらに、紛争に関与していない国々も、戦争のために自国から逃れてきた人々を支援し、保護し、受け入れる国際的な人道上の責任を負っています。また、ある国の軍事行動によって民間人が逃亡した場合には、紛争が終結し、難民が安全に帰国できるようになるまで、難民を受け入れ、支援するより大きな義務が生じるでしょう。戦争に関わった当事国は、難民が帰還できるように、破壊された家、病院、学校、商店、町を再建するさらに大きな義務を負うのです。

政治家たちは自問しなければなりません。外交、交渉、妥協、寛容、相互理解によって、最終的に解決できない問題も紛争もありはしないのに、それでも戦争を選択するのはなぜなのか、と。全人類は、相違や多様性にも関わらず、共に、平和と調和の中で生きていくことを望む点で共通しています。とすれば、あらゆる紛争、意見の違い、分断によって生じた傷は、偏狭な私利私欲を超えて、人類共通の望みを心に迎え入れることによって、癒すことができるし、癒さなければならない。マハトマ・ガンディーが言った通りです。

「平和への道はない。平和こそが道なのだ」

平和の道を切り開くのは、愛と非暴力の原則です。ところが政府は、「我々の暴力は善であり、正義である」、「彼らの暴力は悪であり、不当である」、と主張する。この論理のバカバカしさに気づくべきです。非暴力と愛は普遍的な原則です。私たちには、あらゆる暴力を最小限に抑え、大規模で組織的な暴力とはキッパリと縁を切る覚悟が必要です。政治家も医者と同じように、ヒポクラテスの誓い、「傷つけることなかれ」を受け入れ、黄金律として、それに従わなければならない。他者にこう扱ってほしいと思うように、自分も他者を扱うべきなのです。

暴力は暴力を生む。そして愛は愛を生むのです。平和、民主主義、自由を確立したいのなら、それは非暴力的な手段だけで達成されるべきです。崇高な目的は、崇高な手段によって追求されなければならない。どんなに時間がかかろうとも、暴力による対応を慎むだけの忍耐力をもたなければならない。それは、家庭内暴力、階級闘争、内戦、国際戦争のどれでも同じです。すべての戦いと争いは、人間ならではの創意工夫、交渉能力、外交術、想像力の失敗を意味しています。

現代の戦争では、民間人の犠牲や、学校、商店、病院、家屋への巻き添え被害を避けることは不可能です。戦争によって罪のない市民が難民となり、家や国から逃げ出さざるを得なくなります。こうしたことはすべて表向きは違法です。法的拘束力のあるジュネーブ条約にもあるように、「非戦闘員の市民に、死と破壊を与えてはならない」のです。

マーティン・ルーサー・キング牧師は言いました。「〝目には目を〟は、全世界を盲目にする」、と。火に油を注いでも消すことはできません。イエスも、ブッダも、ムハンマドも、そう言った。フランシスコ法王も、ダライ・ラマも言っています。なぜ政治的、軍事的指導者たちは、これら歴代の賢人たちの実践的な教えを、無視し続けるのでしょう？小さな戦争でも大きな戦争でも、民間人も兵士も、言葉に尽くせない苦しみを味わっているのを、私たちは目の当たりにしてきたはずです。戦争がうまくいったためしはないことはすでに証明済み。一人の独裁者を殺しても、別の独裁者が現れ、より苛烈な支配が始まる。テロリストを一人殺しても、さらに十人が過激化する。人類の歴史は、失敗した戦争や無益な紛争だらけ。もう、たくさんです。今こそ、戦争は野蛮で、非文明的であることに気づくのです。戦争は逆効果だということに。安全保障理事会と国連総会で、戦争廃止の決議を可決しましょう。紛争がいつどこで発生しても解決できるように、強い権限をもつ、世界交渉者協議会を設立しましょう。

すべての家庭で、すべての学校で、教育を通じて、すべての子どもたちの心に、愛と平和が育まれるようにしましょう。人間の心の中に潜む暴力の種子は、世話をしなければいずれ乾いて枯れてしまいます。その代わりに、愛と平和と非暴力の種を、すべての若々しい心の中に育てようではありませんか。

私自身の経験によれば、世界中どこでも、普通の人々は親切で、愛情深く、穏やかで、寛大です。冷戦のまっただ中、二年以上にもわたって、私は平和を祈念しながら世界中を歩き回りました。一万三千キロに及ぶ旅のあいだ、人間の心の中に憎悪が生まれつき備わっているという証拠を、何一つ見つけることはできませんでした。それどころか、私が初めて出会った人々から溢れ出す、計り知れない愛と寛大さに、圧倒されることの方が多かったのです。

# 19

## 愛は抗う。愛は守る。愛はつくる

Protest, Protect, and Build

悲観的になるほどのことは分かっていない

We do not know enough to be pessimistic.

——*ヘイゼル・ヘンダーソン

世界中の何百万という人々が、変革のための行動を起こしています。この新しい運動をなんと呼ぶべきか考えた末、私は「ホリスティック環境ムーブメント（HEM）」と呼ぶことにしました。「ホリスティック（全体的）」とは、自然、社会、心に関わるいろいろな問題をバラバラに扱うのではなく、包括的に扱うという意味です。環境というのも、単に自然環境だけでなく、社会環境や精神環境をも含めて、全体的によりよいものにしていく世界的な行動が、「ホリスティック環境ムーブメント」です。

もし生態系が健全でなければ、健全な社会もあり得ません。病める地球で健康な人々を養うこともまた不可能です。同じように、社会的な正義なくしてエコロジー的な正義もあり得ません。なぜなら、大多数の人々が抑圧され、生存のために闘っているとき、彼らには地球の幸福に心を配る能力も、エネルギーも、機会もないからです。そして、人々への愛や地球への愛といった精神的《スピリチュアル》な価値が私たちの世界観を支えることがなければ、生態系の持続可能性も、人間同士の連帯も、ごく薄っぺらなものにしかならないでしょう。

ホリスティック環境ムーブメント（HEM）に取り組む人々は、同時に、三つのレベルで行動する必要があります。その三つとは、「抗《あらが》う」、「守る」、そして「つくる」、です。

## 抗うこと

まず、「抗うこと」、つまり、抗議し、抵抗することです。私たちは不公正な秩序に反対し、脆弱な生態系ネットワークを脅かしたり、社会システムを破壊したりする力に立ち向かいます。

過去も現在も、あらゆる偉大な社会運動は、自然界の持続不可能な搾取や、弱い立場にある人々への支配がいかに不当かを強調するために、抗議という手段を用いてきました。このような支配は、階級、カースト、人種、宗教、貧富などのかたちをとって、大昔から今日までずっと続き、それへの抵抗もまた続いてきたのです。「エクスティンクション・レベリオン（絶滅への反乱）」の運動と、グレタ・トゥンベリーを先頭に世界中の何千もの若者たちが展開した「学校ストライキ」は、「抗う」という方法を用いた環境運動の最近の二つの例です。同じように、「ブラック・ライブズ・マター（BLM）」運動が世界中で展開したデモも、抗議というかたちをとった社会活動の例です。

抗議活動が広がりをもって一般市民を包み込むためには、それは、非暴力で平和的に行われなければなりません。暴力を用いない活動や抵抗によって偉大な変化を成し遂げられることは、歴史が示しています。マハトマ・ガンディーが率いたインド独立のための運動や、アメリカのマーティン・ルーサー・キングが率いた人種融和を目指す運動は、不当な社会秩序への抗議というかたちをとった非暴力抵抗の、二つの輝かしい例です。

## 守ること

抗うだけでは十分ではありません。「守ること」もまた必要なのです。先住民文化、地域経済、適正規模のオーガニック農場など、すでにある〝よいもの〟を守る。分散型で、再生可能で、持続可能な文化や仕組みを保護する。生物多様性と文化多様性を保全する。そして、自然の美と秩序を守らなければなりません。

試行錯誤の積み重ねによってつくり出されてきた社会的伝統や慣習が、進歩とか発展とかの名の下に、絶えず破壊されています。先住民のコミュニティは後進的なものとして、さらには野蛮なものとして扱われ、〝文明〟のやり方を外から強制されてきました。また、急激な都市化の中で、かつて繁栄していた地方の村やコミュニティが荒廃しています。工業化と機械化が急速に進み、地域の美術工芸や家内工業は淘汰されつつあります。今でも世界の食料の六〜七割を生産している自給自足的な小規模農家はますます疎外され、生活を脅かされています。グローバリゼーションを加速化させようとする流れの中で、ローカル経済は力を失い、主体性を奪われています。もちろん私たちがこうした傾向に抗い、地球温暖化の原因ともなっているエネルギー多消費型の生産や浪費、際限ない炭素排出などに抗議する必要があるのは、もちろんです。しかし、抗うだけでは足りません。今も存在意義を失わないコミュニティや、大昔から続く文化が尊重され、大切にされ、保護されるために活動する必要があるのです。

## つくること

コミュニティや文化を守るための努力も、しかしそれだけでは十分とは言えません。分散型の地域経済、持続可能な小規模ビジネス、アグロエコロジーやパーマカルチャーなどの大地再生型《リジェネラティブ》農業を、新たに「つくること」が必要です。また、新しい教育機関や学習プログラムをつくり出すことも不可欠でしょう。そこで、若者も老人も、貴重な地球の一体性を損なうことなく、人間だけでなく、人間以外のすべての生命の幸福を犠牲にすることもないような、よりよい生き方を学ぶのです。さらに私たちは、風や水や太陽に由来するエネルギーの、コミュニティ所有のシステムを構築するべきです。その過程を通じて、連帯、協力、相互扶助を土台とする生き方を選んだ人々の、強くしなやかな新しいコミュニティをつくることもできる。その成功例は模範となって、「つくること」にまだ及び腰の人々を引きつけ、鼓舞するでしょう。そうして運動は成長し、文化はさらにたくましいものとして、再生していくに違いありません。

私たちは、抗い、守り、つくる。そのすべてが愛の行為です。

「抗う」、「守る」、「つくる」の三角形は、外なる世界の変革だけに言えることではありません。外的な変革を補完してくれるのは、心の内なるスピリチュアルな変革です。物質主義や消費主義、貪欲、権力欲、金銭欲に抗うためには、物質のレベルを超えた価値観を、心に迎え入れる必要があるのです。また、地域社会の結束と調和を守るためには、利他の心を育んで、名声や知名度、地位や評価を追い求めてきた、利己的な自分を超えなければなりません。

抗い、守り、つくる、ホリスティック環境ムーブメント（HEM）に取り組むことで、同時に人は、魂そのものの進化を経験せずにはいられないでしょう。この内なる変容は、心の変化、態度の変化、価値観や哲学の変化、世界観の変化、そして意識の変化を意味します。外なる変容は、内なる変容とは切っても切れない密接な関係にある。実は、両者は同じコインの裏表なのです。

変革のための私たちの行動は、生命の一体性と尊厳についての深い気づきと、すべての生命の神聖さについての深い確信に、根ざしていることが大事です。神聖さの感覚を自分の内に迎え入れることで、私たちはすべての生命に対する慈しみと愛を育むことができる。倹約、簡素、節度、自制の心を養うこともできます。外なる世界のシステムを変革することを目指しながら、私たちはその変革の体現者となる。個人の内なる変容と政治の変革は、ちょうど私たちが二本足で歩くように、互いに支え合いながら、進んでいくことでしょう。

私たちの「ホリスティック環境ムーブメント（ＨＥＭ）」は、資本主義と社会主義のどちらをとるか、といった二者択一の考え方をしません。資本主義も社会主義も、人間中心という点では同じですが、ＨＥＭは生命中心です。資本主義は、事業を起こす資本の力と利潤への欲求を、人間活動の中心に据えます。そこでは、人間は利潤追求のための道具となり、自然は経済の資源となってしまいます。社会主義は、その言葉が意味するように、自然環境にとってよいことよりも、社会的利益を優先します。歴史を振り返ってみても、社会主義が中央集権的で工業化された、大規模な国家資本主義の特徴をもつようになっています。人間社会における公平という点では、もちろん民主主義的な社会主義が資本主義より優れているでしょうが、社会主義という言葉が今も人間中心であることに変わりはありません。私たち環境運動家は、社会的連帯や社会正義を支持しますが、特定の政治思想にこだわりはありません。私たちにとって大切なことは、社会正義と地球正義はつながり合って、切っても切れない関係にあるということです。

HEMは、参加型民主主義を通じて、新しい経済と政治をつくる運動です。その経済と政治の特徴は、ローカルで分散型、大きすぎず、人間らしいスケール、多様性の重視、草の根型《ボトムアップ》です。そこでは生産と消費の量よりも、生活の質が重視されます。経済成長よりも、人々と地球の幸福の〝成長〟に焦点をあてます。経済と政治は人間の利益と同様に、母なる地球の利益にも奉仕すべきだというのが、5節で見たディープ・エコロジーの考え方です。母なる地球の権利は、人間の権利と同様に基本的なもの。両者のあいだに何の矛盾もありません。

自然の調和も、社会的な助け合いも、個々人の魂の充足も、完璧な状態に達することはないかもしれない。でも、そのようなバランスのとれたあり方を目指して努力することが必要です。変革は、生涯にわたって続く旅のようなもの。目的地ではありません。変革は過程であり、結果ではありません。変革は止まることのない動的な進化のプロセスであり、静的な状態ではありません。

20

## 行動する愛

Action

愛こそが道
神秘からの使者が
私たちに伝えてくれる
愛は母
私たちはその子どもたち
母は私たちの内に輝いている、
目に見えても、見えなくても
私たちが信頼していようと
信頼していまいと
信頼が再び膨らむのを感じるときにも

Love is the way
messengers from the mystery
tell us things.
Love is the mother.
We are her children.
She shines inside us,
visible-invisible, as we trust
or lose trust,
or feel it start to grow again.

——ルーミー

世界中で、社会活動家や環境活動家が、社会正義や地球環境という、誰にとっても大切なことのために奮闘しています。しかし、何年運動を続けても、政府や産業界が耳を傾けてくれない、何をやっても変わらない、と思えることがしばしばです。当然のことですが、これは不安や失望、しまいには絶望にさえつながりかねません。以前、私は親しい友人から一通の手紙を受けとったことがあります。アーティストである彼は、プラスチック問題に取り組む環境活動家でした。多くの活動家仲間と同じように、彼も挫折、疲労、燃え尽き《バーンアウト》などで、精神的にかなり落ち込んでいるようでした。まずは、彼から私への手紙を読んでもらいましょう。そして次に、彼（そして同じような状態に陥っている人々）への私からの返信も。

親愛なるサティシュ

私は最近、危機的な状況にある環境問題を何一つ解決できない世界の無力さにとても失望しているんです。人々は変化を求めて声をあげているけれど、政治指導者たちは権力を独り占めすることしか考えていない。ジミ・ヘンドリックスが賢くも言った通りですね。

「愛の力が力への愛に打ち克つとき、世界は平和を知るだろう」

私が生きているあいだに、この世界がこんな巨大な危険にさらされるなんてこと自体が、自分の犯した大きな過ちのように感じられ、罪悪感と無力感にさいなまれるんです。

使い捨てプラスチック問題について私たちがあれほど頑張っても、その成果は、英国政府が導入した新品のプラスチックへのわずかな課税にすぎなかった。それも、二〇二五年にやっと始めるという！　今こそ団結すべきで、争っている場合じゃないのに、世間は国家主義的な右派ポピュリストの大波に飲み込まれそう。自国が他国より優位に立とうなどと言っているときに、どうやって環境を保護するための法律を導入したり、遵守したりすることができるだろう？　必要なのは競争ではなく、協力なのに。

世界初のエコロジー文明を目指すと公言していた中国でさえ、経済成長の鈍化に対応するため、汚染度の高い工場の増産を奨励せずにはいられない。その結果、北京の大気はかつてないほど悪化しているらしい。私たちの貪欲さは、自分自身の破滅を招くでしょう。でも、気候変動によって人類が深刻な機能不全に陥るとしても、案外、それは悪いことではないのかもしれない！

しかし、子どもや孫のいる私たちにとっては、それは受け入れがたい考えです。子孫のない人たちが、これからの世界のことを考えて、子孫を残さないことを喜んでいるのを聞いたことさえあります。私の子どもたちは、未来に恐れを抱かなければならない最初の世代です。誰が彼らを責められるでしょう。

あなたが私よりもずっと楽観的な見方をしていることを知っているし、人類がきっと自らを変容させるというあなたの信念を、私は尊敬してもいます。でも今のところ、そんな楽観的な気持ちがどこから湧いてくるのか、私にはわかっていない。破滅的な道を歩むイギリス政府と企業を阻止するために、本気で具体的な行動をとっているグループは、「エクスティンクション・レベリオン（絶滅への反乱）」だけです。環境のためには自由をも、犠牲をも厭わないという、崇高な行動です。もし私が英国にいたら、私も道路を封鎖していたでしょう！　彼らのことを〝新しい参政権運動〟と呼ぶ者もいます。悲しいことですが、最初の深刻な環境災害が起きるまでは、人々が思い切った行動を起こすことはないのでしょう。今後の海面上昇や暴風雨の危険性が指摘される中、人々は海の近くに住むことを恐れ始めています。
友よ、あなたの楽観主義《オプティミズム》を私に分けてください。私にはそれが必要なんです！
愛を込めて、
ジェームズ

親愛なるジェームズ
私にはよくわかります。世界の現状に対するあなたの疑問、落胆、苛立ち、そして現代の環境問題を解決しようとしない政府の無力さ。プラスチック問題についてのあなたの重大な懸念も、もっともです。長い時間をかけて積み重ねられてきたこの問題を好転させるには時間がかかるでしょうが、プラスチックが地球を汚染してきた期間よりは、ずっと短い期間であってほしいと私も願っています。あなたが心配するのは当然です。プラスチック汚染、大気中への二酸化炭素の過剰排出、生物多様性の減少はみな、地球の非常事態と言うべき、待ったなしの問題です。

とはいえ、私はあなたに言わなければならない。非常事態に直面したとき、私たちには忍耐強い行動が必要だ、と。例えば、劇場で火災が発生した場合、冷静に整然と避難しなければ、混乱によって火災以上の死傷者が出ないとも限りません。

でも同時に、私たちは愛と献身と、勇気と情熱をもって行動し、行動しなければならない。崇高な精神でなされる行動には、その結果がどうなるか、に関わらず、それ自体の本質的な価値がある。私たちが統御できるのは行動だけ。行動から何が生まれるか、その結果をコントロールすることはできない。最高レベルの行動とは、結果への執着から解放された行動のことです。何かをするのは、それが価値のあることだから。行動の果実を得ようと欲することなく、行動するのです。

実際、行動と行動の成果とは別々のものではなく、同一のプロセスの一部です。食べものを食べることと、飢えを克服することは切れ目なく連なり、水を飲むことと、渇きを癒すことは、一つの現実の二つの側面です。同じように、生態系の調和を回復するために行動することと、それを実現することは同じ一つのこと。完璧な平和、完全な平穏、永遠の愛などの理想が達成される理想郷《ユートピア》は存在しない。あるのはただ、私たちが望む変化と、その変化をもたらすための私たちの行動。その両者は一体で不可分です。私たちの行動は、自然に対する愛、そして人間同士への愛の表現です。私たちの愛が無条件で、無限であるように、私たちの行動もまた、無条件で終わりがない。私たちの愛の成果は何だと思いますか？ 愛だけです。では、私たちの行動の果実は何か？ さらなる行動！ 初めの行動、途中の行動、そして終わりの行動。生きることは行動すること。私たちは行動を楽しみ、そこに充実感を見出さなければなりません。そこには失望も燃え尽きもありません！ 変革活動《アクティビズム》とは、世界を〝変えるため〟の行動、ではない。単なる目的のための手段ではない。行動そのものが世界の変化なのです。

マハトマ・ガンディーが「ビー・ザ・チェンジ」、と言いましたよね。「世界がこうなったらいいと思うその変化に、あなた自身がなりなさい」、と。私たちの行動は、私たちのあり方そのものから生まれる。平和のため、地球の持続可能性のため、そして魂の平穏のために行動するのが、あなたという存在のあり方なのです。

アートについても同じことが言えます。アーティストは結果を思いどおりにすることなどできないし、そうしたいとも思わない。成功するか失敗するか、は、アーティストの手には負えません。芸術は、祈りや瞑想のようなものです。真の祈りは何も求めない。ただ捧げるだけ。この点で、アートとアクティビズムは同じです。私たちアクティビストは、地球と人類に奉仕している。私たちは息を引きとるまで奉仕する。アクティビストの活動もアーティストの行動も、人類や地球に対する深い愛に揺り動かされています。そういう意味では、アートも、アクティビズムも、愛も、生き方そのもの。私たちは〝よい結果を出したい〟という願望からではなく、愛から行動します。もし、よい結果が出たとしたら、それは宇宙からの贈りもの。もし成功がやって来れば、私たちは喜ぶでしょう。でも、もし成功がやって来なくても、それを渇望したり、追い求めたりはしない。

アクティビストとしての私たちは感謝すべきです。奉仕活動や変革活動の担い手として自分を選んでくれた宇宙に。その謙虚さと、結果に囚われない心の自由とをもって、私たちは行動します。成功という欲望の奴隷であるならば、私たちは自由ではない。ただただ、自分たちの行動に集中しましょう。そうしてこそ、結果を求める欲望に惑わされずにいられるのです。

変革のための活動は旅です。目的地ではありません。気高い行動を通して、私たちアクティビストは変容する。他の誰かが変わるか変わらないかに関わらず、私たちは変わる。それ自体に大きな価値があるんです。だから友よ、失望から喜びへと引越ししましょう！

キリストやブッダでさえ、愛と慈悲の王国を地上に築くことはできなかった。それを失敗だと思いますか？　いいえ、そんなことはない！　彼らの人生と教えには、不朽の価値がある。彼らの行動は、世界中の何百万、何千万という人々に、希望と励ましを与える道しるべとして今も輝き続けている。さあ、私たちも小さなブッダのように、愛と慈しみをもって、無私無欲の行動を続けましょう。

愛を込めて、

サティシュ

# 3章

# 自分を愛する。人を愛する

## Radical Love for Ourselves and Others

一つの言葉が、生の重みや苦しみから
私たちを解放してくれる
その言葉とは、愛

One word frees us of all the weight and pain of life.
That word is love.

*ソフォクレス

21

## ラディカル・ラブ宣言

A Love Manifesto

海のように、わが心は広く、わが愛は深い
あなたに与えれば与えるほど、私はもっと受けとる
心にも愛にも、限りはないのだから

My bounty is as boundless as the sea, My love is as deep.
The more I give thee The more I have, for both are infinite.

——ウィリアム・シェイクスピア

私たちにとって、革命とは愛の革命です。愛は論理的、でも同時に魔術的。愛を体現する地球は私たちの先生。その先生から私たちは、愛のアートを学びます。私たちへの地球の愛は完璧。だから、私たちもそれに応えて、もっと地球を愛せるようになりましょう。

私たちはNOと言います。地球を傷つけ、温暖化や北極の氷の融解、海面上昇などを引き起こす政策や慣習に。私たちは、地球に害を与える企業や製品をボイコットします。地球のためなら牢屋に行くことも厭わない。とはいえ、私たちの活動は平和に楽しく。私たちには何の恐れもありません。

私たちはYESと言います。シンプルで持続可能な生活に。何億、何兆もの木を植えることにも、大地再生農業《リジェネラティブ》にも。私たちは健康にいい、地元産の、オーガニックで栄養価の高い食品を食べます。世界中の小規模農家や生産者を支援します。私たちは職人やアーティストとして生き、世界中で同じように手で物をつくって生きる人々を応援します。

私たちは抵抗することによって悪を溶かし、支えることによって善を栄えさせましょう。

私たちは絶望に負けて楽観を手放したりしない。活動家《アクティビスト》が楽観的なのは当然です。悲観はジャーナリズムに向いていても、活動家には向いていない。絶えることのない希望と、生涯にわたる志を携えて、私たちは変革の旅に出ます。そう、変革のための活動は、旅そのもの。長期にわたる過程です。目的地でも、すぐに出る成果でもありません。

私たちはこんなふうに励まし合う。「地球に尽くし、アーティストとして、アクティビストとして生きよう」、と。これは私たちみんなに関わることです。私たちに敵はいません。みんなが関わることによって、廃棄物と汚染、抽出と搾取、貪欲とエゴにまみれた経済に終止符が打たれるでしょう。政治家も詩人も、実業家も芸術家も、クリエイターも消費者も、みんなが手を取り合い、環境汚染の危機を克服し、気候危機を回避するために立ち上がるのです。

私たちは、外なる世界の変容をもたらすための行動と同時に、自分たちの内なる変容のためにも行動します。もし私たちの心に貪欲や恐れや渇望が巣食っているならば、それが不満や消費主義や物質主義の原因となり、その結果、地球と私たち自身を汚染することになる。外なる世界の風景と、内なる世界の風景は、一つの現実の二つの側面です。外なる自然は、私たちの内なる自然から切り離すことができません。

分断と分離という古い物語は、内と外のあいだ、自然と人間のあいだがつながり、一つになるという新しい物語に道を譲ることになるでしょう。瞑想と行動、直感と理性、精神と物質、沈黙と言語、内と外、左と右、は、互いに補い合う関係です。内なる慈愛の心を育むことと、外なる自然を守る活動とが、新しいホリスティックな物語の中で融合されるのです。

私たちは、分離の物語の中で負った傷を癒すでしょう。〝私たち対彼ら〟という偏見に基づく二元論、階級やカースト、人種や宗教、アイデンティティや国籍などの分断によって、人間同士は反目し合い、人間と自然の関係も損なわれてきたのです。私たちはその傷を、無条件で無限の愛という妙薬を用いて、癒すでしょう。

分断を乗り越える一方で、私たちは生命や文化の多様性を祝い、同時に、生命の一体性《ユニティ》を尊びます。一体性と均質性とは違うということを忘れてはなりません。一体性は、生物多様性や文化多様性、真実の多様性や思想信条の多様性の内にこそ、現れるのです。進化は多様性を好んでいます。ビッグバンの時代から、進化はあらゆる方法で多様性を生み出すために、何十億年ものあいだ、絶え間なく働き続けてきたではありませんか。私たちもまた、言語、宗教、アイデンティティの違いと多様性を大切にする一方で、かけがえのない地球を、そしてその一員である人間、動物、森、水を損なわないという誓いを共にする者として、一つに結束するのです。

私たちは人間の権利を支持し、それと同様に自然の権利、つまりすべての生きとし生けるものの権利を支持します。地球は死んだ岩ではなく、生命体としてのガイアです。ウィリアム・ブレイクが言ったように、「自然は想像力そのもの」。シェイクスピアの言葉を借りれば、「木には舌がある」――そう、木は語り、私たちはそれに耳を傾けるのです。シェイクスピアはさらに、「流れる小川に本」、「石の中に説教」と言いました。そう、川や石を〝読む〟ことを学ぶのです。寺院や教会に行きたくない人は行かなくてもいい。耳を傾けさえすれば、自然界から平和、忍耐、しなやかな強さについての教えを聞くことができるのだから。

私たちは自然の価値を、人間にとって役に立つかどうかで計るのではなく、むしろ自然そのものの価値を、地球全体に内在する価値を認めましょう。自然は単に経済のための資源ではなく、生命そのものの源なのです。

私たちは自然との、地球との、そして生きとし生けるものとの調和の中で生きている。人間たちとの、そして人間以外のものたちとの調和の中に。たとえ絶対的な調和が達成できないとしても、それが努力に値する理想であると私たちは信じます。

私たちは〃理想主義者〃と呼ばれてもかまいません。逆にこう聞き返しましょう。現実主義者たちはこの世界で何を成し遂げたのか、と。気候危機を引き起こしたのは理想主義者の仕業ではありません。気候を変え、生物多様性を損ない、大気・水・土壌を汚染してきたのは、現実主義者と呼ばれる人たちの活動です。もっと、もっと、と絶え間なく欲望を膨らませてきた現実主義者たちの指導の下で、戦争をはじめとする人類の悲劇は、地球規模に広がり、指数関数的に拡大してきたのです。現実主義者はあまりにも長いあいだ、世界を支配し、混乱させてきました。今こそ、私たち理想主義者にチャンスを与えるべきです。私たちは現代の心優しい英雄です。地球のために、そこに住む人々のために、私たちがすることは、みな愛の行為なのです。

22

# 愛を阻む４つの壁

## Four Obstacles to Love

愛は理性《リーズン》よりも深い季節《シーズン》

Love is a deeper season than reason.

——E[*]・E・カミングス

愛とは疑いを停止することです。愛するためには自分を信じ、愛する人を心から信じる必要があります。トルストイもこう言っています。

「人を愛するとき、あなたはその人をありのまま愛するのであって、そうあってほしいと思うように愛するのではない」

愛に障害が生じるのは、自分の期待に沿うように相手の人が考え、話し、行動してほしいと思うからです。しかし、相手がそうしないとき、私たちは四つの行為に走りがちです。

「批判する《クリティサイズ》」、「不平を言う《コンプレイン》」、「支配する《コントロール》」、「比べる《コンペア》」、の四つです。

Ｃで始まるこれら四つの言葉が、愛を阻み、損なう障害を表しています。

## クリティサイズ　批判すること

他人を批判するとき、私たちは相手を裁く側に立っています。私たちは事実上、こう言っているわけです。私は正しく、あなたは間違っている。正しい方法は一つしかなく、それは私のやり方だ、と。

「あなたには私のやり方でやってほしい」

これはどう見ても傲慢ですよね。愛と傲慢は、〃チョークとチーズ〃みたいに一見似かよっていても、一緒くたにはできません。

愛とは、謙虚さの果実です。愛は束縛《ボンデッジ》ではありません。愛とは絆《ボンディング》であり、属するということです。愛とは二つの魂が合体して一つになることではありません。愛の数学では、1+1=2ではなく、1+1=11なのです！　困難に満ちた、予測不可能で不可思議な人生の旅路において、愛は同伴者であることの誓いです。相手への批判は疑いから生じる。つまり、相手がよいことをする能力を疑うことなのです。

愛の光が魂に差し込んで、疑いの闇を払ってくれるでしょう。愛の神は、信頼の宮殿に住んでいるのです。

どんな状況下でも批判的な心を保つように、私たちは教育されてきました。疑うことは常によいことだ、と、思い込まされてきたのです。デカルト流の〃疑いの方法論〃がもてはやされ、それはほとんどの教育システムの基本とされてきました。

批判的思考や疑いの方法論は、哲学をはじめとした知的探求の分野では役に立つでしょう。でも、愛や友情、人間関係に関しては、批判を感謝に置き換えなければならない。疑いの代わりに、信頼をこそ心の祭壇に祭るのです。人間関係と愛は、心という土壌で育まれ、心は信頼の蜜によって養われるでしょう。

疑いは、私たちが深く継続的な人間関係を築くことを不可能にします。疑心暗鬼になると、長期間、相手に誠実に関わることができなくなるのです。

疑いが禁物なのは、愛し合う関係だけではない。職場など社会生活の場でも、自分が好きなことを信頼して、それに打ち込む必要があるでしょう。そこには浮き沈みもあれば、困難や障害、リスクや不確実性も絶えない。にも関わらず、私たちは自分の道を追求するのです。自分の希望や夢を批判してはなりません。

庭仕事であろうと料理であろうと、ダンスでも歌でも、農業でも製造業でも、あなたは失敗への恐れや成功への期待に縛られることなく、好きなことに打ち込むことです。ただただ自分を信じ、自分の心に従う。それこそが愛の道というものです。

## コンプレイン　不平を言うこと

不平不満を言うときにも、私たちは相手を裁く側に立っています。そして相手に対してこう言っているわけです。あなたは不注意だ。あなたの行為は従うべき行動基準を下回っている、と。相手の行為が無責任だとか、好ましくないとかという価値判断を下しているのです。不平不満は相手に対する一種の攻撃。相手の心をハサミで切り刻むようなものです。

愛することとは期待することではありません。愛とは相手をありのままに、無条件に受け入れること。私たちは誰もみな違っていて、ユニークです。これはなんとすばらしいことでしょう。愛の太陽は、夜明けと共に多様性の大地から昇り、無数の花を咲かせます。愛のスローガン、それは「相違、万歳！」

不平不満は受容と信頼の欠如から生じます。そう、不平と疑いの根っこは同じなのです。

とはいえ、社会的不公正、環境破壊、人種差別、軍拡競争などに対して文句を言ったり、浪費や汚染や暴力に対して不平不満を抱いたりするのが悪いとは思えません。私たちには、こうした不正に対して、不平を言い、反対し、抗議する権利があります。でも、それは憎しみの心から出るものであってはならない。不正の側に立つ人々であっても、傷つけることがあってはなりません。私たちは真実を求めて、誠実さや美しさのために立ち上がることができるし、そうしなければならない。しかし、無知ゆえに不公正な社会システムを永続させようとしている人々に対しても、愛と思いやりを忘れてはならないのです。

マハトマ・ガンディーは、植民地主義や帝国主義に反対して立ち上がりましたが、植民地化に加担していた人々への愛と寛容を手放さなかった。同様に、マーティン・ルーサー・キング牧師は、アメリカ黒人に人種差別の傷を負わせた人々に対する愛と許しを体現する人でもありました。彼は愛のパワーを使って、アメリカにおける人種差別と白人至上主義に反対するキャンペーンを精力的に展開したのです。優しい心で不平を言う、というのは難しすぎると思うかもしれませんね。でも、それは十分可能なのです。

確かに、社会的、政治的文脈では適切なことが、個人的で親密な関係では適切でない場合もあります。友人や家族、同僚や仲間とのつき合いでは、不平を言う道ではなく、思いやりの道を歩むべきです。私たちはみな、さまざまな過ちを犯します。間違うのはまったく正常で、自然なこと。私たちが成長する唯一の方法は、過ちから学ぶことです。学びには決して終わりがありません。

愛の光の下、不平不満《コンプレイン》から思いやり《コンパッション》へ、さっさと引っ越そうではありませんか。

## コントロール　支配すること

他人を支配しようとする願いは、愛の対極にあります。他人を制御しようとすることで、自分自身を優位な立場に、利己的な立場に置くことになります。利己《エゴ》は愛の敵。愛する者は、「エゴ」から「エコ」へと引っ越さなければなりません。すでに本書で見てきたように、ギリシャ語のオイコスに由来するエコは、もともと家とその家族を意味します。真の愛の中にいるあなたはリラックスし、くつろいでいるでしょう。自我の意識もありません。あなたは〝家〟にいるのです。

愛に満ちた家庭には、真の互恵関係があります。誰かが劣っているわけでも、優れているわけでもない。誰もが互いを思いやる。私たちは家庭で、母性愛、父性愛、兄弟愛、姉妹愛、恋愛という愛、性的な愛、食べものをめぐる愛といったものを経験します。そこには思いやりがあり、分かち合いがある。理想的な家庭には、支配の入り込む余地はありません。

愛することとは所有することではありません。愛は解放的です。愛の中にある者たちは、互いの人生というプロセスに参加し合う。相手の人生を支配したいなどとは思いません。他人をコントロールしたいという欲求をもつのは、他人が自分の人生を営む能力に対して、不信感を抱くということ。他人を支配しようとする衝動は、誰もが自分らしさと想像力をもっているという真実を否定することです。

コントロールという言葉をよい意味で使えるとしたら、それは自分自身を制御する、つまり、自制という意味で、でしょう。私たちは怒り、貪欲さ、そして利己心をコントロールすることができます。こうした自制心は、私たちを対立や衝突、戦争から自由にしてくれるでしょう。支配から和解へとシフトすれば、共同体の一員として他者の中で生きることもできる。寛容の沃野《よくや》で成長することができる。深い感謝と恩寵を経験することができる。そう、私たちは愛の海を泳ぐことができるのです。

## コンペア　比べること

ある人と別の人を比較するとき、私たちはすでに二元論に囚われています。善と悪、正義と不正義といった対の概念に。スーフィー教の詩人ルーミーの詩句がこう教えています。

「善悪を超えたところに野原がある。そこで会おう」

その野原とは友情と条件なしの愛の場です。それは、比較という暴力がはびこる谷間を知恵の翼で飛び越えた先にあるでしょう。すべてのものには、あるべき場所というものがある。そしてそのあるべき場所で、すべては「よきもの」なのです。

木は聖人と罪人とを区別しません。貧乏人であれ金持ちであれ、賢者であれ愚か者であれ、人間であれ動物であれ、鳥であれスズメバチであれ、すべての人に涼しい木陰と香り高い果実を提供する。木はすべてを愛し、比べるということがない。木から愛し方を学びましょう。

一人ひとりが唯一無二の存在であり、宇宙からの特別な贈りものです。愛の中で人は、自分の愛する人にもともと備わっている尊厳を、他の誰かと比べることなく重んじ、祝福します。人間ばかりではなく、生きとし生けるものは、それぞれのあり方のまま、敬意と慈しみを受けるに値するのです。

英語で、「愛している」には二つの言い方があります。一つは「愛する人をもっている(have a lover)」、もう一つは「愛する人である(be a lover)」。一つ目のように、「愛する人をもちたい」と思うとき、たぶん、あなたは人と人とを比べようとする。でも、「愛する人でありたい」と願うとき、あなたはきっと比較というものから自由なのです。現実主義者や実用主義者は比較したり、対比したり。でも、愛する人たちは受容し、歓喜する。どの接吻も、それ自体がこの世に二つとない喜びです。あるキスを他のキスと比べることなんてできないでしょ!

## 「愛を阻む4つの壁」についての瞑想
Meditation on the Four Obstacles to Love

「批判」、「不平」、「支配」、「比較」を避けることができますように
その代わりに、共感、慰め、調停、対話を実践できますように
さらに、礼儀と思いやりを育むことができますように
他者に感謝し、他者をほめたたえることを学べますように
毎日受けとる、私の生のための贈りものすべてに
感謝することができますように

23

# 歩く
## Walking

歩こう、足で大地にキスをするように

Walk as if you are kissing the earth with your feet.

——[*]ティク・ナット・ハン

「歩く《ウォーク》」とは、具体的な行為を表す言葉であるだけでなく、比喩でもあります。たとえば、「ウォーク・ザ・ウォーク（歩みを歩く）」という慣用句は「するべきことをする」という意味で、理想と現実の一致、原則を実践に移すことを表します。

このウォーク・ザ・ウォークという考え方とつながりがありそうなのが、アリストテレスなど逍遥学派とも呼ばれる、歩く哲学者たちです。「歩くことによってためされていない哲学を信用するな」、と言ったのはニーチェです。宗教的な神秘や存在の形而上学について瞑想しながら、神学者たちは修道院の中庭を囲む回廊を歩いたでしょうし、教会や大聖堂の周りにも、歩きながら考えるのにぴったりの神聖な空間がありました。巡礼者たちも、目標とする聖地に到達するために、徒歩で旅をします。ヒマラヤの聖なる峰をめぐり、聖なる川と川の合流点を、あるいは預言者、詩人、霊能者などにゆかりの地を目指します。巡礼者にとっては、歩くという行為そのものが、目的地に到着するのと同じくらい意味深いこと。歩くことは、歩く人自身にとっての自己浄化、自己変革、自己実現を意味する、スピリチュアルな行為なのです。

環境活動家、社会活動家、政治活動家たちも歩きます。汚染、搾取、不正義に反対し、それを野放しにしている権力者たちに抗議して歩くのです。マハトマ・ガンディーの「塩の行進」や、マーティン・ルーサー・キング牧師の「ワシントン大行進」は、権力への不服従を表す政治行動であると同時に、精神的な目覚めを表すスピリチュアルな行動でもありました。何百万人もの人々が、植民地主義を、人種差別を、性差別を、軍国主義を、終わらせるために歩いてきました。貧しい人々や虐げられた人々との連帯を示すために、持続可能性や魂の尊厳のために、公正や平和、自由や人権のために、そして地球の権利を宣言するために、新しい文化を創造する意志をもつ人々が、年齢や国籍や政治信条の違いを超えて、歩き続けてきたのです。

私の師であり精神的な支えであったビノーバ・バーベは、十五年かけて、インドの隅々まで十万キロの道を歩きました。そして村々を訪れては、裕福な大地主たちを相手に、愛と正義の名の下、土地をもたない貧民たちに財産を分け与えるよう説得したのです。彼がこうして地主たちの心を開き、百六十万ヘクタールの土地を集め、それを、土地を奪われて困窮している人々に分け与えることができたのは奇跡です。裕福な地主が自分の土地を手放そうと思うほどに心を動かされたのも、ビノーバが自分の足で歩いていたからでしょう。なぜ歩くのか、と聞かれた彼は、「愛に動かされて《ムーブド・バイ・ラブ》」と答えました。

私の母もまた、歩きの達人でした。ラジャスタンのわが家から歩いて一時間ほどのところに、彼女の小さな畑がありました。家には馬とラクダがいましたが、母は決して動物には乗りません。農場に行くのはいつも徒歩。私たちの宗教的伝統であるジャイナ教の教えでは、動物を大切にして、過度の苦痛や苦難を与えてはなりません。誰かが馬に乗ることを母に勧めると、彼女は微笑みながら、「馬があなたに乗りたいと言ったら、どうかしら？」とだけ答えます。

私はよく農場まで、また他の用事のときにも、母と一緒に歩きました。歩きながら母は物語を語ってくれたり、歌を歌ってくれたり。ほとんどの人が当たり前だと思っているような自然界の出来事のうちに彼女は奇跡を見出し、私に示してくれたのです。歩くことは母にとって喜びの源であり、愛の行為でした。

それは私にとっても同様です。私は幼くしてジャイナ教の僧となり、それから九年間、裸足で歩きました。自動車にも電車にも、飛行機にも船にも乗らず、自転車を使ったこともありません。私の足は幅広く、しっかりしたものになりました。砂や砂利の上を、暑いときも寒いときも、靴下も履かず、サンダルや靴も履かずに歩く。それでも心の中では、バラの花びらの上を歩いているような気がしていました。私の師は私に言ったものです。

「自分を背負い、歩かせてくれる地球に感謝する修行だ」、と。つまり、地球の霊性《スピリチュアリティ》についてのレッスンだったのです。師はこう言いました。

「人々は地球を掘り起こし、踏みつけ、穴をうがつ。それでも地球は許してくれる。そればかりか、種を一粒まけば、寛大にも千の実を返してくれる。だからおまえは、この地球からの無条件の愛について瞑想し、自分自身の人生でも、同じような思いやり、寛容、許しを実践できるようになりなさい」

やがて私はジャイナ教の僧団を離れましたが、歩くことへの愛は捨てませんでした。一九六二年、私は友人のE・P・メノン*と共に平和巡礼の旅に出発し、ニューデリーからモスクワ、パリ、ロンドン、そしてワシントンD・C・へと歩きました。私たちはポケットに一銭ももたずに八千マイル（およそ一万三千キロ）を歩きました。私たちが世界に平和をもたらすことができたかどうかは別として、私は歩くことを通して、自分の中に平和を見出したことは確かです。自分を信じ、他人を信じ、世界を信じることを学びました。自信と柔軟な心を得ました。未知のもの、予定外のもの、不確かなものに対する恐れを手放すことができました。山も森も砂漠も、等しく愛せるようになりました。風も雨も、雪も太陽の光も、冷静に受け止めることができるようになりました。敵意にも歓待にも、ユーモアと受容をもって向き合うこと、何も期待せずにすべてを受け入れること、を学びました。期待しなければ失望もない。私にとって歩くことは、自己実現のための学校となりました。もはや歩くことは単なる移動手段ではなくなり、生き方となり、健康、調和、幸せへの道となったのです。

五十歳のとき、私はイギリス各地をめぐる二度目の巡礼の旅に出ました。デヴォンからサマセット、そしてドーセットへと巡礼路を進み、カンタベリー大聖堂へと向かいました。村から村へ、町から町へと歩き、イギリスの美しい風景に酔いしれました。東海岸に沿って歩き、やがて聖なる島として知られる、リンディスファーンに到着しました。古代ケルトの聖人たちはそこで、海の中に身を浸しながら自然との調和について瞑想したといいます。

スコットランドを歩いて横断し、アイオナ島にたどり着きました。それは、私の知る限り、この世で最も平和な場所の一つでした。それから西海岸に沿ってウェールズへと下り、ウェスト・カントリーを抜けてエクスムーアへ。そして、ついに私が住むハートランド村に帰ってきました。四カ月と二千マイル（およそ三千二百キロ）に及ぶこの巡礼の旅の先々で、私はさまざまな背景をもつ人々から、信じられないほどのもてなしを受けました。今回もまた、私はお金を一銭ももたずに歩き、旅の途中で初めて、そしてたった一度だけ出会うことになる普通の男女の厚意と善意が生み出す、たくさんの奇跡に遭遇したのです。

八十代になった今でも、私が活力、熱意、情熱に欠けることがないのは、歩くことのおかげです。私の免疫システムは丈夫です。抗生物質を飲んだこともないし、骨折で入院したことが一度あるだけ。健康の秘訣をよく聞かれますが、私の答えは単純明快。歩くのが好きだから、です。体にもいいし、心にもいいし、魂にもいい。毎日一時間ほど歩きますが、それができないときにも、体のために食後の散歩をします。歩くのは消化にもいいし、気分転換にもなり、心を落ち着かせてもくれる。歩くことをほめ讃えるには、どんな言葉も足りません。静止し、固定されているよりも、私は動き、流れることを選びたいのです。

よく、ジョン・ミューア*のこんな言葉を思い出します。

「自然と共に歩むたびに、人は求めるものよりはるかに多くのものを受けとる」

歩くことで、私たちは自然界に対する深い理解を培います。自然を愛するようになり、自然をより深く体験するようになる。この経験が育む自然への思いやりの気持ちをもって、私たちは自然を讃え、自然を守るために行動するようになる。ディープ・エコロジーを学ぶとはそういうことです。そこでは、地球の上を歩くことが、そのまま地球のために歩くことなのです。

「歩く瞑想」はすばらしい精神修行です。おまけに、地球への負担を軽くしたいと願う私たちにとって、歩くことは大気への二酸化炭素排出を減らす、最も優しくてシンプルな方法です。だから、仕事にも、買い物にも、学校にも、教会にも、歩いていこうではありませんか。歩く時間がないって？　そんなことを言う人は思い出してほしい。時間に不足があるわけではないのです。何時間、何日、何週、何カ月という計り方は、単なる便宜上のもの。実際には、時間は無限なのです。

24

# 食べものとガーデニング

## Food and Garden

人生は、ガーデニングを始めた日から始まる

Life begins the day you start a garden.

——中国のことわざ

母は、自分の二ヘクタールの畑のことを、〝愛の庭《ガーデン・オブ・ラブ》〟と呼んでいました。そこには、メロン、キビ、ムング豆、ゴマなどの他、さまざまな野菜が育っていました。すでに話した通り、私は母と共にその畑に行っては、種まき、水やり、収穫などを手伝ったものです。母は料理も得意でした。食べものは栄養源であると同時に薬、と母は言っていました。料理をするときも、子どもの私にも一緒にやらせてくれます。無発酵の平たいチャパティというパンを焼く。ショウガ、ターメリック、コリアンダー、クミン、カルダモンなどを使って、豆や野菜の料理をつくる。そうやって母と共に働く経験をして以来、今に至るまで、私はガーデニングと料理を楽しんでいます。

私が北インドのブッダガヤにあるガンディー・アシュラムに住んでいたとき、そのコミュニティにはこんな基本理念がありました。

「食べる人は、食べものを育てることに参加すること。食べものを育てる人は、十分な食べものを食べること」

食に関するガンディー流の考え方では、食べものを育てる土と、その食べものを入れる口との距離をできるだけ短くすることが大事です。自分の家の庭から来たものや、地元のファーマーズ・マーケットで買ったものなら、その食べものは新鮮でしょう。長距離輸送され、プラスチックで包装された食品は、本来あるべき新鮮さを保つことができない。要するに、「地球規模で考え《シンク・グローバリー》、食べものはローカルに《イート・ローカリー》」、が大切なのです。

一九八二年、私はイギリスのハートランド村に「スモール・スクール」という名の学校を設立しました。子どもたち、保護者、教師が集まった最初の日、私はみんなにこう問いかけました。「この私たちの学校は、他の学校とどう違うのでしょうか」、と。その答えは、食べものでした。この学校では毎日、子どもたちと教師が昼食を用意し、食前のお祈りの後、一緒においしいものを食べるのです。その理由は簡単です。ひどい食べものではよい教育などあり得ないからです。ダーウィンやシェイクスピアについて学んでも意味がない。科学や歴史について学んでも、自分の口に何をどう入れるかさえ知らなければ意味がない。つまり、ガーデニングを学び、料理を学び、一緒に食べることを学ぶのは、読み書きを学ぶのと同じくらい重要な教育なのです。

多くの学校の生徒たちは、業者によって大量生産され、長距離輸送された食品を食べさせられています。それがおいしいものだったら、かえって不思議でしょう。おいしくないからこそ、大量の食べ残しが出る。お腹の空いた子どもたちは、砂糖と塩たっぷりのジャンクフードを買いに行く。ジャンクフードがうまいということもあるかもしれないが、栄養価がないことは確かでしょう。それどころか、肥満や学習・記憶障害、さらにはうつ病の原因になるなど、子どもたちにかなりの害を与え得るのです。学士号、修士号、博士号などを得て大学を出ていく若者たちも、その多くは、まともな食事を用意することもできません。プールや体育館、科学実験室などはあっても、教師と生徒が一緒に食べものを育てたり、調理したりできる菜園やキッチンがある学校はほとんどありません。私の考えでは、すべての学校にガーデンとキッチンがあるべきです。私たちはなぜこうも食に無関心なのでしょうか？　食こそは、よき人生を送るための基本的な条件だというのに。

一九九一年、私は成人教育のためにシューマッハー・カレッジを設立しましたが、そこにも食に関する同じ考え方を適用しました。すべての学生とセミナー参加者は、ガーデンやキッチンに招かれ、そこで働くことを奨励されます。ここでは、ガーデニングや料理もまた学業なので、そのために他の授業に出られないということがないよう配慮されています。

シューマッハー・カレッジのガーデンは、まさに「愛の庭」という名にふさわしいものです。そこで行われた授業の中で、特に私が感銘を受けた「ザ・グロワーズ・プログラム」という、ガーデニングの六カ月間集中コースがあります。そこで若者たちは大地再生《リジェネラティブ》農業の技術を習得し、同時に、愛と生きがいをもって農的な営みに取り組み、しかもそれを生産的で持続可能なものとする方法には、実は数多くの選択肢があるということを学ぶ。その一方で、彼らはカレッジ全体のために、心にも、体にもいい食料を生産してくれます。三ヘクタールの畑に愛と情熱と喜びを注ぎこんでくれた、十五人の若きガーデナーたちのおかげで、カレッジの食堂は、一年間だけで二万ポンドを節約できた計算になるのです。

工場化した農場で行われる大規模農業や食肉生産といった、いわゆる〝アグリビジネス〟は、現在、地球温暖化の原因となる温室効果ガスの二十五〜三十％を排出しています。こうした現代農業システムでは、世界で必要な食料を育てるために膨大な量の水と電気が使われます。またこのやり方が引き起こす土壌の枯渇、侵食による損失は計り知れず、また自然環境に及ぼす破壊的な影響も甚大です。しかも、そういうシステムによって生産される食料の品質は、大目に見ても標準以下。そんな食品を生産し、消費し続ければ、人間の健康に悪影響を及ぼすという重大な懸念があるにも関わらず、私たちはまるでそれ以外の方法がないかのように、工業的農業を続けてきたのです。

でも今、アグロエコロジー（エコロジー農業）に注目が集まっています。土を枯渇させずに、その再生力を活かして、農業を持続可能なものとする、そして質のよい食べものを育てる。こういう思いを実行にうつす人々の勢いが増しているのです。そのための最良の方法は、工業的農業による単一栽培や食肉生産から離れ、生物多様性の原則を農業にもとり入れること。樹木、穀物、花、果物、野菜を共存させることは、アグロエコロジーに欠かすことのできない基本原則です。多様性こそが土壌を肥沃に保ち、作物のしなやかな強さを高めてくれます。

農業が工業化され、機械化されることによって、私たちは土から切り離されてしまいました。でも、アグロエコロジーを通じて、私たちは土と、そして自分たちのルーツとつながり直すことができるのです。とはいえ、人々はいまだに疑問を抱いています。持続可能な農業などと言っていたら、増え続ける世界の人口を養うだけの食料を生産できないのではないか、と。これは、食料生産の過程に人が関わらなくても、食料は育つのだという誤った考え方からくるものです。誰もが食べる必要はある。でも食料の生産には関わりたくないというわけでしょう。私たちの社会は、機械やコンピューター、さらにはロボットが食料を安く生産し、世界中に流通させてくれることを望んでいるようです。このやり方こそが、現在の気候危機の要因である炭素の排出を増加させてきたし、これからも増加させていくだろうというのに。気候危機を助長することなく、人々に健全な食料を供給したいのであれば、より多くの人々が食料生産に携わる必要があります。そうしてはいけない理由があるでしょうか？

結局のところ、食べものとはいのちです。食べものは神聖なのです。

気候変動とそれが引き起こす混乱という危機に対応して、再生可能《リジェネラティブ》で持続可能な食料生産システムを社会に迎え入れるためには、まず、「土の上で働くこと」の尊さをとり戻さなければなりません。土を肥沃に保つために働き、食べものを生産することは、崇高な仕事であり、尊敬されるべき職業です。食料は単なる商品ではない。それは生命の源であり、地球からの神聖な贈りものなのです。ガーデナーや農民として土の上で働くのは、肉体的にも精神的にもよいことです。

シューマッハー・カレッジの食事はベジタリアンです。動物への思いやりが土台となって、人間への、そして生きとし生けるものへの慈愛の心が育まれる、と私たちは考えています。それだけではありません。一人の人が生きていくのに、植物食なら必要な土地は〇・四ヘクタールですが、肉食なら、必要な土地は二ヘクタールです。家畜が工場や食肉処理場に収容される時間が増えるにつれ、そこでの水の消費量も膨大なものとなり、多くの動物たちは一生日の光を浴びることもない。このような不幸な動物たちを、人間たちが消費するのです。不幸な動物の肉を食べて、人ははたして、幸せになれるでしょうか？

肉を食べる人に私がアドバイスするとしたら、まず食べる量を減らすことです。そして、放し飼いにされ、その動物らしい、よい暮らしをしてきたものに限ることにしたらどうでしょう。さらに、ベジタリアンになることを望むなら、それに越したことはありません。食べものが新鮮で、うまく調理され、おいしければ、肉が恋しくなることはありません。

ある小学校に招かれ、環境について話をしたことがあります。講演後、私はある好奇心旺盛な生徒と対話しました。生徒がまず、「私の好きな動物は何か」、とたずねます。私は「ゾウ」と答える。生徒がその理由を聞くので、「ゾウはとても大きくて強いけれど、ベジタリアンだから」、と私。興味をそそられた生徒は、「二番目に好きな動物は何か」、とたずねる。私は「ウマ」と答える。エンジンのパワーを〝馬力〟という言葉で表すほどパワフルなウマだが、やはりベジタリアンだ、と。これを聞いた生徒は「これからはベジタリアンになります」、と宣言しました。そして「少し大きく、強くなった気がします」、と。

肉を食べないと体力が落ちるというのはまったくの迷信です。私の家族はジャイナ教の信者ですが、ジャイナ教徒は二千年以上前から厳格な菜食主義者でした。私を含め、家族の多くは八十代、九十代まで健康な生活を送っています。

ベジタリアンの食事もオーガニックであることが理想です。化学物質は、地下千メートルもの深さから掘り出される原油の産物であることが多く、地球温暖化の原因となる温室効果ガスを発生させるのも化石燃料です。もし、農作物や穀物が化石燃料や化学肥料を使って栽培され、さらに化石燃料を使って長距離輸送されるのなら、せっかくのベジタリアンの食事でも、それだけ、環境へのダメージが大きくなってしまいます。地産地消《ローカル・フード》、ベジタリアン、オーガニックの三つを、私たちはひと連なりのものとして尊重すべきです。

また、モンサントのような多国籍大企業が製造した遺伝子組み換え種子を使って食料を生産するという考えも、決して受け入れてはなりません。タネは土壌、気候、環境の条件に合わせて、何万年という月日をかけて進化してきました。一方、遺伝子組み換えや改良されたタネは、実験室で迅速に開発されます。こうした商業用種子は、環境や人間の健康を犠牲にしてまでも大きな利益をあげたいという願望の下に開発されるのです。

伝統的な農家にとって、タネは神聖なものであり、いのちの源です。一方、モンサントのような営利企業にとって、タネは利益のために売買されるもの、農民を企業に依存させるための商品にすぎない。つまり、企業がつくる遺伝子組み換え種子は、民主主義に反するものなのです。それは、農民が自分でタネを採種し保存する自由を奪います。より大きな作物を生み出すという宣伝文句が仮に現実になったとしても、その作物の栄養価は低下する。遺伝子組み換えの不健康な食品を大量に食べるよりも、栄養の豊富な食品を少量食べる方が、誰にとってもよいことです。

愛をもって、地元で、健全な食べものを育てようではありませんか。なるべくオーガニックで、遺伝子組み換えでない食材で、できるだけ肉を減らしたベジタリアンの食事を楽しみましょう。

少量ずつ、友人や家族と一緒に、愛のこもった食事をしましょう。食べることを愛するとは、食に溺れることではなく、食を祝うこと。他の人々への愛の表現として食べものを分かち合うのです。おいしい食事は、言葉よりも大きな声ではっきりと愛を表現します。

25

# 簡素な生き方を愛する

Simplicity

偉大な行為は、小さな行いの積み重ね

Great acts are made up of small deeds.

——老子

簡素（シンプリシティ）であることへの愛は、持続可能性、スピリチュアリティ、社会調和、そして平和のための前提条件です。

ジャイナ教では、基本原則として、「アヒムサー（非暴力）」に次いで「アパリグラハ」を重視します。非常に美しい言葉ですが、訳すのは容易ではありません。それが意味しているのは、〝物質的所有という束縛からの自由〟です。エコロジーの考えとも言えます。消費を減らして、できるだけ所有物をため込まないようにする。三、四枚のシャツでなんとかなるなら、なぜ十枚も二十枚も、もつのか？　結局のところ、私たちは一度に一枚のシャツしか着ることができません。靴は数足あれば十分なのに、なぜ戸棚いっぱい、靴をため込む必要があるでしょう？　すべての所有物についても同じことが言えるでしょう。ジャイナ教徒には、物欲を満たすためではなく、自分の必要を満たすために物を使うことが求められます。アパリグラハを実践することで、人は物を所有しすぎることによって生じる重荷、心配、不安から解放されるでしょう。

「ため込まないこと」、というこの原則は、生産の最大化と消費の最大化を理想とする、現代経済の考え方とは正反対です。クリスマスやイースターのような宗教的な祭典でさえ、宗教的な儀礼よりも、買い物と消費が優先されます。売ったり買ったりすることに夢中になった人々には、魂のための栄養を得るための時間など、ほとんど、あるいはまったく残りません。自分のための時間も、内省する時間も、アートや工芸のための時間さえもうないのです。

消費主義が浸透した結果、私たちの家も、人生も、仕事場も、モノやコトで溢れかえっています。タンスは身につけもしないままの下着や、靴や、ジャケットでいっぱい。キッチンの棚には、めったに使われないモノたちが、いつか役に立つ日を待ちながら、眠っている。机も、日々積み重なっていく書類や、ファイルや、本に占領されている。私たちにはモノをため込む癖がついてしまっているのです。屋根裏部屋も、寝室も、クローゼットも、物置のようにモノがつまっています。

これはしかし、単なるスペースの無駄使いより、はるかに深刻な問題なのです。そこいらじゅうにため込まれ、散乱しているモノたちは、すべて地球のどこかからか、つまり自然界からとってこられたものでできています。大量採取、大量生産、大量流通、大量消費は、地球規模のゴミ問題と汚染をもたらします。自然を大切にしたいと思うなら、持続可能性についてまじめに取り組もうとするなら、まず、不必要なモノを自分たちの家庭や職場にため込む習慣を改め、少ないもので上手に暮らす術を学ばなければなりません。

もし、この惑星に住む何十億もの人々が、欧米人や日本人のように消費し、蓄積し、浪費し、汚染するとしたら、私たちには三つの地球が必要です。でも地球は一つしかありません。つまり、シンプルに、地球に小さな足跡しか残さないように生きることが、人間社会が持続可能であるために必須の条件なのです。

私たちが買いためている物の多くは、中国やバングラデシュのような労働力の安価な国で大量につくられた商品です。そういうものは買ってもすぐに飽きてしまう。飽きられて捨てられたもので、埋立地はいっぱい。一方、簡素な暮らしに新たに加えられるのは、その美しさによって選ばれた物でしょう。物を所有するなら、それらは美しく、有用で、同時に丈夫なものにすべきです。

簡素への愛は、スピリチュアルな生き方の前提条件です。心安らかに、健やかに生きるには、瞑想したり、ヨガや太極拳をしたり、詩やスピリチュアルな本を読んだりする時間が必要でしょう。しかし多くの人々は、あれやこれやの商品を買い込み、所有するために、長時間懸命に働いてはお金を稼ぎ、残された時間をショッピングに費やし、稼いだお金をそのためにつぎ込みます。そうやって手に入れた商品を楽しむ時間があればまだいい方です。その一方で、私たちは、自分が本当に必要としていることのため、自分の魂の健康のため、想像力を発揮するため、読書や詩作のため、絵を描いたりガーデニングしたりするため、音楽を聴くため、散歩をするため……、には時間がないと不平を言っているのです。

散らかった家は、散らかった心を生み出すでしょう。シンプルに暮らせば、必要なお金も少なくてすみます。もっと働かねばならないというストレスから自由になり、雑務や退屈な日常から解放され、私たちは時間もちになる。そうすれば私たちは、精神的な充足へと向かう道を歩むことができる。自分の健康を大切にし、アートや工芸にうち込み、想像力を発揮することもできる。時間と空間を友情や愛のためにを捧げることができる。物を必要最小限にすることで、スピリチュアルでエコロジカルな豊かさを最大化することができるのです。美しい逆説《パラドックス》ではありませんか。

シンプルな生き方は、社会的な公正のためにも欠かせません。私たちのうちの何人かが物をもち過ぎれば、他の人たちには足りなくなるでしょう。自分が簡素に生きることで、他の人たちがまともに生きることが可能になるのです。ある者は、一つの家では満足せず、複数の車や、複数のコンピューターをもつといった贅沢を望みます。するとそれが不平等や不公平を生み、妬みを、そして社会的不和をも生み出します。とんでもなく贅沢な暮らしをしている人たちを私は知っていますが、彼らがもっとずっと質素な生活をしている人たちよりも幸せだということはありません。幸せは物を所有することではなく、心の充足にこそあります。「これで十分」ということさえ知れば人は充足を感じられるのに、それを知らない限り、どれだけ所有してもまだ足りないのです。

簡素な生き方について語るとき、私は苦しく禁欲的で困窮した生活のことを言っているのではありません。私はよい暮らし、美しい物、アートや工芸品、そして物質的な充足を否定しません。私は喜びと祝福に満ちた暮らしの信奉者です。実を言えば、私にとっては簡素であること自体より、美しさ《エレガンス》が大切なのです。簡素な生き方を私が選ぶのは、そこにこそ本質的な美が表れるからです。私たちはみな、心地よく楽しい人生を送れるはずだと私は信じています。

でもどうでしょう。現在、煩雑になるばかりの人々の暮らしはもはや快適ではありません。便利さを追いかけて快適さを犠牲にする。いったい、何のための便利さなのでしょう。あまりにも多くの人々が、快適さというものを奪いとられています。もしあなたが富に恵まれているのなら、それを慈善事業に使うこともできるし、地球のため、人々のために活かすこともできます。簡素な生き方には、気づき、意識、マインドフルネスが必要です。

「どんな愚か者でも物事を複雑にすることはできるが、物事をシンプルにするには天才が必要だ」、とE・F・シューマッハーは言いました。そして私たちはみな、その〝天才〟を内に秘めています。私たちに必要なのは、注意を払って、自分の内にそれを発見することだけ。シンプルに生きることこそがよい人生の秘訣だという知恵を、誰もが見つけられるのです。

贅沢と浪費の経済学は戦争を招きます。簡素の経済学は平和をもたらします。より高い生活水準と、より大きな経済成長を求めるとき、私たちは天然資源を独占しようとするでしょう。石油のために、土地のために、その他のあらゆる資源のために、戦争を引き起こしさえするのです。

レフ・トルストイからマハトマ・ガンディーに至るまで、偉大な社会変革者や作家たちはみな、簡素な生き方を実践することによって平和への道を示してきました。トルストイはその名著『戦争と平和』の中でこう言っていました。

「簡素、良心、真実のないところに、偉大さというものはない」

26

# 理性と科学

## Reason and Science

恋に落ちるのは、重力のせいじゃない

You can’t blame gravity for falling in love.

——アルベルト・アインシュタイン

人類は旅をしています。それは、分離からつながりへ、欲から愛へ、二元論から統合へ、と、向かう旅です。二元論は、二つのうちの一つを選ぶように私たちに迫ります。現代を代表する二元論は、科学とスピリチュアリティの対立。言い換えると、理性と愛の断絶です。科学をとるか魂をとるか、理性をとるか愛をとるか、という選択を、私たちは突きつけられてきたわけです。「純粋理性」が唱えられた時代以来、社会の教育制度は、科学をスピリチュアルな価値から切り離して、互いに何の関係もない二つの領域として、隔てようとしてきました。言い換えれば、理性が社会を支配する一方で、愛は個々人の領域へと追いやられてきたのです。

過去百年間、スピリチュアリティは否定されないにせよ、私生活の問題にすぎないという信念を、何百万という学生たちが植えつけられたまま、大学を卒業してきました。しかし、学問の世界にはびこるこうした傾向のせいで、人々に無視されてきた古今の優れた科学者たちがいます。彼らは、科学とスピリチュアルのあいだ、理性と愛のあいだに、二元論も、二項対立もないと考えたのです。

ドイツの傑出した詩人であり科学者でもあったヨハン・ヴォルフガング・ゲーテ

（一七四九〜一八三二）は、深遠な科学的魂をもって仕事をしました。「植物のメタモルフォーゼ」（『ゲーテ形態学論集・植物篇』所収・ちくま学芸文庫）や『色彩論』（ちくま学芸文庫）では、狭量で直線的《リニア》な科学のあり方に異議を唱えました。自然を現象学的に理解するという方法で、ゲーテは、現実をバラバラなものとして見るのではなく、相互に関連し、循環するものとして見る、ホリスティックな科学に道を開いたのです。ゲーテの理想主義的でスピリチュアルな科学は、しかし、ほとんどの大学で科学を学ぶ学生たちに無視されてきました。ゲーテは科学者としてではなく、偉大な詩人としてだけ評価されてきたのです。

レオナルド・ダ・ヴィンチ（一四五二〜一五一九）も同様です。偉大な芸術家として記憶されることはあっても、影響力のある科学者として記憶されることはほとんどありません。

ダ・ヴィンチは、「生きている形」に関心をもち、「量」だけでなく、「質」を重要視する科学者でした。だから、現代の複雑系科学やシステム思考の科学は、ダ・ヴィンチの仕事にそのルーツを見出しているのです。科学が「質」を迎え入れる瞬間、スピリチュアルなものが登場します。

アルベルト・アインシュタイン（一八七九～一九五五）もスピリチュアルな科学者でした。「科学の追求に、真剣にとり組む者はみな、宇宙の法則の中に魂が顕在していることを確信するようになる」、と彼は言いました。そして、人間の経験がもつ宗教的側面を尊重して、宗教なき科学も、科学なき宗教も、共に不良品のようなものだと主張したのです。ここでアインシュタインが言っているのは、組織化された宗教団体のことではありません。科学による測定ではとらえられず、宗教組織の教義をも超越した、スピリチュアルな経験のことです。

スピリチュアリティと科学とが一緒になり、愛と理性とが一緒になることで、バラバラに分離されていた「意味」と「数量」とを結びつけることができます。この両者は分断されるべきではないのです。これまで主流だった科学では、実験、エビデンス、証明などを通じて、仮説や理論へとつながる知識を得るわけですが、それよりも前に、まだ顕在化していない感嘆《ワンダー》、好奇心、直感、ひらめきなどの感覚が存在しています。唯物論科学者には、こうした潜在的な直感やひらめきなどを無視したり、否定したりする人たちがいますが、それはゆゆしき愚行です。

魂を意味する「スピリット」は、もともと「息」、あるいは「風」を意味する言葉です。風を見たり、触ったり、計ったりすることはできませんが、感じることはできます。木の枝が風によって動かされるように、人間は魂《スピリット》によって動かされています。

息、あるいは風は、目に見えず、とらえがたい微妙な力を発揮して、生命を可能にしているのです。このように、目に見えるものは、目に見えないものによって支えられている。外なる物質的な現実は、内なる精神的な現実の力によって支えられている。一方を認め、他方を否定することは、鳥が片方の翼だけで飛ぶことを望むようなものです。

全体性という現実は、相互に関連する二つの側面から成り立っています。中国人はそれを「陰」と「陽」の調和と呼びます。インド人はそれを「シヴァ」と「シャクティ」のバランスと呼びます。「正」と「負」、「闇」と「光」、「沈黙」と「発話」、「空虚」と「充満」、「精神」と「物質」、つまり顕在的なものと非顕在的なものは、一つの全体の内の部分です。

科学とスピリチュアリティを結びつけることは、単に理論の上で重要なのではなく、そこにはとても現実的な意味があります。スピリチュアリティの欠如した科学は、倫理的な視点を見失いやすいのです。魂によって導かれることのない科学者たちは、核爆弾などの軍事兵器、遺伝子操作、ＡＩ（人工知能）、動物を残酷に扱う工場型の畜産、廃棄物や汚染、自然界の破壊を引き起こす技術に携わってきました。スピリチュアルな価値観に支えられていない科学は、現代世界が直面している問題の多くについての責任を負っています。科学は、その真の姿を保持し、本来の力を取り戻すためには、スピリチュアルな知恵の助けが必要です。科学それ自体は善良なものでも、価値を超えたものでも、中立的なものでもない。スピリチュアルな知恵に導かれない科学は、危険なものになりかねません。富裕層や政治権力によって、好きなように操作されかねないのです。

科学がスピリチュアリティを必要とするように、スピリチュアリティもまた、科学を必要としています。科学がなければスピリチュアリティは宗教的妄信、教条主義、宗派主義、原理主義などへと、コロッと変質してしまいます。非科学的な考え方をする人々は、あまりにも安易にこう主張します。

「私の神こそが唯一の真の神なのだから、私には真実がある。誰もがこの私の信仰へと改宗しなければならない」

こうした狭量な宗教的排他性もまた、戦争、紛争、テロ、分断の原因となってきました。

科学は、私たちが世界に向けて開いた広い心をもてるよう、手助けをしてくれます。私たちが真理を追求するのにも、人類全体のために、また生きとし生けるもののために行動するのにも、科学の支えが必要です。

私たちは、二つの側面の片側だけの、断片的な生き方を望むでしょうか？　スピリチュアルな知恵という内面的な次元を切り捨てた唯物論者として？　あるいは、科学的発見に満ちた外なる世界を否定するスピリチュアルな求道者として？　選択は私たちに委ねられています。私が提案したいのは、科学的な心をもち、同時にスピリチュアリティを受け入れることです。私にとって、科学とスピリチュアリティは同じ一つの全体の二つの側面として、互いに補完し合うもの。科学は理性の上に成り立っており、スピリチュアリティは愛の上に成り立っています。

著名な脳神経科医で思想家のイアン・マッギルクリスト*によれば、私たちの脳には二つの半球《ヘミスフィア》があります。左半球は科学の場所であり、右半球は精神、直感、愛の場所。著書『ザ・マスター・アンド・ヒズ・エミッサリー（主人と使者）』（未邦訳）の中で、マッギルクリストは、支配的な力で全体を司るのは右半球であり、本来、そうあるべきなのだと言います。一方、科学と理性の領域である左半球は、右半球という主人に仕える使者であり、またそうあるべきなのだ、と。永続的な愛は、脳の二つの半球の結合によって達成されます。

しかし、社会的、経済的、政治的な生活の影響で、さらには近代的な教育によって、私たちは脳の左半球を優遇し、右半球を抑圧するようになってしまったのです。まるで、投獄されている主人に代わって、使者が支配しているようなものではありませんか！

科学と理性は理論と計測に関わるものです。スピリチュアリティとは、表に現れない内面的な現実に関わるものです。科学は世界を、そのさまざまな部分として断片的に見ます。スピリチュアリティは世界を丸ごと、その全体《ホール》として見ます。科学は地球や自然を、そして人体さえも、機械と見なします。スピリチュアリティは、それらすべてを生命体として見ます。

二元論的にではなく、全体的にものを見るホリスティックな観点からすれば、私たちが両側面を必要としているのは明らかです。脳の左半球にも右半球と同じように、活動してもらわなければなりません。私たちは、二つのすばらしい才能に恵まれて、生まれてくるのです。どちらか一方だけを大切にするなんて、もったいない！

愛、共感、謙虚さ、互助といったスピリチュアルな資質を、教育システムに、社会に、経済に、政治に取り戻そうではありませんか。そしてその一方で、宗教、スピリチュアリティ、感情など、私たちの内なる世界が、科学、理性、計量、数学からよい影響を受けられるようにするのです。

問題は、どこから始めるかです。愛と理性、科学とスピリチュアリティのあいだに、分断が生じないようにするにはどうすればいいでしょう？　答えは教育です。子どもたちから始めるのです。家庭でも学校でも、大学でも、私たちは子どもたちに、〝大きな絵《ビッグ・ピクチャー》〟を示してあげなければならない。つまり、内面と外面、魂と物質、愛と理性、心と頭、といった、両面からなる全体像《ホール・ストーリー》を。さあ、教育に愛を取り戻すときです。

# 27

## 学ぶ
Learning

教育とは点火することであって、
器を満たすことではない

Education is the kindling of a flame,
not the filling of a vessel.

——ソクラテス

近代的な教育では、情報を吸収することが最優先され、知識は二次的なものとされています。残念なことに、私たちの学校や大学には、経験や知恵《ウィズダム》、スピリチュアリティや愛をとり入れる余地も、機会も、ほとんどありません。

生徒は空っぽの器と見なされ、教師の責任はその器をできるだけ多くの有益な情報で満たすことだと信じられています。これは教育についての間違った解釈です。教育という言葉の語源は、ラテン語の〝ｅｄｕｃｏ〟で、それは、「引き出す」、「とり出す」という意味です。教育とは、そこにすでに潜在しているものを、顕示することなのです。

生徒を種子に喩えることができるかもしれません。樹木はすでに一粒のタネの中にあります。ガーデナーや果樹園主、林業家といった人々は、タネに向かって、木になる方法を教えるわけではありません。ガーデナーの仕事は、タネが自己実現できるよう、つまり木になるように、適切な土壌などの条件を整えて手助けすることです。生徒たちも同じように、成熟して生来の潜在的可能性を開き、実現しながら一人の人間になっていきます。ならば、教育者の仕事、そして教育機関の仕事は、生徒の自己発見と自己実現を促して、それにふさわしい励ましと、環境と、条件を提供することでしょう。

教育は、自己顕示欲や私利私欲のためにあるのではありません。教育とは、いい仕事に就いて、大きな家や高級車といった物質的な財産を得て、快適な生活を送るためのものではない。我欲を増長させたり、名声、地位、評判、権力、地位への欲求を煽ったりするためのものでもない。教育とは、人間社会と地球のために奉仕する、自己発見と自己実現の旅なのです。この人間社会のすべての成員は、互いに与え合い、助け合う関係性の網の中にいて、そのおかげで生きているのですから。

現代の教育がつくり出してきたのは、しなやかでたくましく、自律した心をもたない大人たち。無私の心で他者に奉仕するためのスキルや自信を欠いた大人たちです。現代の教育が生み出し続けているのは、求職者と被雇用者の群れ。彼らがすることになる仕事は、機械の世話や書類の移動がほとんどです。農民でさえ、もはや土やタネに触れたり、作物を収穫したり、牛の乳を搾ったりする必要がないというのですから。

製造業のほとんどは同じ道を歩んできました。機械が人間の手にとって代わり、さらに、ロボットがますます人間そのものにとって代わる〝ロボティック時代〟が、もうそこまで来ていると言われます。つまり、現代の教育のせいで、人間は手を失っただけでなく、人間性そのものを失おうしているのです。

真の教育が目指す方向に向かって、情報から知識へ、経験から知恵へと進んでいくためには、「することによって学ぶ《ラーニング・バイ・ドゥーイング》」という考え方を導入する必要があるでしょう。知識を得るためにも、人生を変えるような経験をするためにも、頭《ヘッド》と心《ハート》と手《ハンズ》を使う必要があります。知恵は、知識と経験が出会うところに生まれます。教育の使命は、消費者を増やし続けることではなく、人々が技や技能を身につけて、直感や想像力を働かせる〝つくり手〟、詩人、アーティストになるよう、励まし、手助けすることでなくてはなりません。「教育の目的は鏡を窓に変えること」と、アメリカのジャーナリスト、シドニー[*]・ハリスがかつて言ったように。

まずは、すべての学校と大学に菜園を設けて、若者たちが自分で食べものを育てる方法を学べるようにしましょう。生徒と教師は、健康的で新鮮な食材を使って、自分たちで昼食を準備できるような設備と機会を与えられるべきです。そうすれば、学校給食は、コミュニティを築き、帰属意識を育む場となるでしょう。すべての若者に、陶芸、木工、織物、繕い、修理などの手工芸を学ぶ機会を提供しなければなりません。手を使う物づくりには、科学、数学、文学などと同等の地位を与えるべきです。それこそが「ラーニング・バイ・ドゥーイング」です。昔から言われている通りなのです。

「言われれば忘れる、教えてくれれば覚えていることもある、やらせてくれれば身につく」

今こそ目を覚まして、教育の意味を再発見するときです。これまでの教育を、自己発見へと向かう巡礼の旅に変えるのです。でもそれは、不確実性、曖昧さ、困難、苦労などを受け入れる覚悟ができてはじめて、実現できること。問題を抱えたときにこそ、逃げ出す代わりに想像力を働かせて、その問題を解決するチャンスに恵まれます。快適な教室では情報を得ることができるし、贅沢な図書館では知識を得ることができるかもしれない。でも、経験は人生という嵐の中、自然という予測不能な地形の中へと進み出てはじめて、得ることができるのです。

テクノロジーは魅惑的です。でもそれは、諸刃《もろは》の剣《つるぎ》です。テクノロジーは人と人をつなぐ便利な道具にもなれば、支配のための残忍な武器にもなります。もしテクノロジーが召使いで人間が主人であれば、人間が知恵をしぼって、環境を汚染したり、天然資源を浪費したりすることなく、人間同士の絆を強めるために、テクノロジーを使うことができる。それはよいことでしょう。でも、もしテクノロジーが主人となって、人間の創造性や生態系の秩序が犠牲にされるなら、テクノロジーは私たち自身がつくり出した呪いとなります。

デジタル・テクノロジーの先頭に立つリーダーたちの中には、対面式の学習の代わりに、インターネットを駆使した遠隔操作による教育を推進しようとする人たちがいます。それによって、デジタル・テクノロジーを完全かつ永続的に、教育プロセスに組み込もうというのです。そうすれば、生徒と教師との個人的なつながりや、親密な交流の機会は失われるでしょう。

人間は誰もみな、自分特有の可能性をもって、この世に生まれてきます。二つの種が同じ木になることはありません。真の教師の仕事とは、子どもの中に、その子特有の魂の資質を観察し、見出し、思いやりと配慮と共感をもってそれを育み、高める手助けをすることです。だから、教育の美しい理念とは、人間の多様性、文化の多様性、才能の多様性を維持すること。そしてそのためには、分権的で、民主的で、大きすぎない、人間らしい規模をもつ、スピリチュアルで、生徒それぞれのニーズに応えられる学校が必要なのです。子どもたち一人ひとりがもって生まれたユニークな才能を引き出す役割を、コンピューターに任せていいものでしょうか？

よい学校とは、共に学ぶ者たちのコミュニティです。そこで行われる教育は、どこか遠いところにいる権力者によって、左右されるものではありません。むしろ教育とは、生徒、教師、保護者たちが協力し合って、世界との正しい関わり方を見出し、その世界の中を、共に進んでいくためのよい方法を探求する旅。つまり、教育とは、その場、その場で、即興的に生み出される創発行動なのです。

こうした本来の豊かなホリスティック教育の理想からかけ離れてしまったのが、遠隔操作や、あらかじめ決められたカリキュラムによるデジタル学習という考え方です。デジタル教育は、子どもたちをあたかも、外部情報で満たされるべき空っぽの器であるかのように見なしています。しかも、遠隔操作とデジタル・テクノロジーによって、子どもたちに与えられる情報や知識の中身は、特定の結果に利害関係をもつ人々によって一元的に決定されるでしょう。そしてその特定の結果とは、人間を金儲けマシンの道具に変えること、そして大企業の収益性を高めることなのです。

この中央集権的なデジタル教育システムは、生徒の個性や多様性を壊して、均質性を押しつけます。コミュニティ特有の文化を、企業文化に置き換えてしまうでしょう。文化多様性は破壊され、世界のモノカルチャー化（文化の画一化）が進行するでしょう。

コンピューターが優しさを教えることはできません。真に学び合うコミュニティにおいてのみ、子どもたちはどうすれば愛情深くなれるか、どうすれば親切になれるか、どうすれば思いやりをもてるか、どうすれば敬意を抱けるかを知ることができます。学校という共同体で、子どもたちは一緒に学び、一緒に遊び、一緒に食べ、一緒に笑います。幸運な子どもたちは、一緒に劇をつくり、コンサートを開くでしょう。遠足にも一緒に出かけます。このような共同で行われる人間的な営みを通じて、子どもたちは人生についての深い理解を獲得するのです。教育は情報や事実の習得にとどまるものではありません。コンピューターの前に何時間も座っているだけでは、社会的なスキル、エコロジカルな世界観、スピリチュアルな価値観を学ぶことはできません。

グーグル、マイクロソフト、アマゾンのような少数の巨大デジタル企業に子どもたちの未来をゆだね、教育システムを任せてしまえば、デジタル独裁ができあがり、厄災への扉が開かれることになるでしょう。民主主義社会が軍事独裁に反対するなら、なぜ企業独裁を受け入れるのでしょうか。これらの巨大企業は〝スマート〟・テクノロジーを駆使して、子どもたちのあらゆる行動を追跡し、企業利益のために利用することができます。後に彼らが大人になったときにも、アルゴリズムとデータ操作によって、彼らをコントロールできるでしょう。

これは単なる未来の予測ではありません。アルゴリズム、人工知能、バイオテクノロジー、ナノテクノロジーなど、いわゆるスマート・テクノロジーが民主主義を統御し、操作し、その価値を損なうために使われることを、私たちはすでに経験しているのです。人間を病原菌や害虫と同じような〝生物災害《バイオハザード》〟と見なすようなテクノ巨大企業《ジャイアンツ》に、子どもたちの未来を託すことはできません。ディストピア的な未来を許してはなりません。

社会は、バーチャル・テクノロジーに投資するよりも、人に投資すべきです。より多くの教師に、より小規模な学校に、投資すべきです。少人数学級を目指し、導入するテクノロジーは、子どもの自主性や想像力を伸ばすような、安全で、制御しやすいものにすべきです。子どもたちは自然について学ぶだけでなく、自然から学ぶ必要があります。森林から学び、農業から学ぶ。パーマカルチャーや土づくりから、アグロエコロジーや有機農法から、海洋生物や野生生物から学ぶのです。こうした学びから得た知識や技能は、コンピューターの画面を見つめているだけでは得られない。教育の中でテクノロジーや科学が果たすべき役割はあります。しかし、それらが暴れ出して、人々の生活や子どもたちの人生を支配することのないよう、私たちはしっかり手綱を握っていなければなりません。

私たちは、新しい時代へと移行しつつあります。それはエコロジーの時代です。だからこそ、その時代にふさわしいものへと、教育システムをデザインし直すのです。ホリスティック教育という理念の下に、エコロジーとエコノミー、愛と理性、科学とスピリチュアリティは、統合されるでしょう。来《きた》るべき世代にふさわしい教育は、こうして私たちの前に姿を現します。

## 28

# 寛大な心

## Generosity

よくあなたは言う
"私は与えるが、それに値する人にだけ"と
あなたの果樹園の木々は、あなたの牧場の群れは、
そうは言わない
彼らは生きるために与える
与えることが生きることだから

You often say, "I would give, but only to the deserving."
The trees in your orchard say not so,
nor the flocks in your pasture.
They give that they may live, for to withhold is to perish.

——ハリール・ジブラーン

寛容とは恐れを捨てること。与える側の恐れも、受けとる側の恐れも。私がこの寛容と恐れの関係を直接体験したのは、いくつもの文化や大陸を越えて、平和のために、一万三千キロを歩いたときです。それは、ニューデリーのマハトマ・ガンディーの墓から始まり、ワシントンD・C・のジョン・F・ケネディの墓で終わりました。

徒歩で、お金ももたずに旅をする私は、恐れを捨て、二年以上にわたって毎日毎日、私のことを知りもしない人たちが食べものと寝る場所を差し出し、愛と祝福を与えてくれることを、心の中でただただ信じるしかなかったのです。

インドとパキスタンの国境で、私の大切な友人の一人であるクランティが見送りに来て、用意してきた食料の包みを私に渡そうとしました。

「少なくとも、これはもって行った方がいい」、と彼女は言いました。

「あなたは今、パキスタンに入ろうとしている。インドとパキスタンはまだ戦争状態にあるの。向こうのほとんどの人にとって、インドは敵国よ。だから、食べものやお金はもっていかなくては」

「親愛なる友よ」、と私は言いました。

「この平和巡礼の目的の一つは、敵同士を仲直りさせ、民衆の寛大さを、身をもって経験することなんだ。もし私がパキスタンに食べものをもっていくとしたら、それは事実上、自分の心に恐れを抱いていることになる。恐れは戦争へと続く。平和を築くためには、信頼しなければならない。君がもってきてくれたのは、単なる食べものの包みではなく、恐怖と不信の包みなんだよ」

「これからあなたは、イスラムの国々を通っていくというのに」、と、クランティは泣きながら言いました。

「キリスト教の国、共産主義の国、資本主義の国、未知の土地、未知の言語、高い山々、広大な砂漠、荒々しい森、凍てつく雪！　そんな場所で、お金も食料もなしに、どうやって生きていくつもり？　もうあなたには会えないかもしれない」

「どこへ行っても、人間は人間さ」、と言って、私は友人を安心させようとしました。

「人間は寛大なもの。それでも、たまに食べものにありつけないことがあったら、その日は断食をするいいチャンスだと思うよ。空腹を楽しむんだ。もし一夜の宿を得られないことがあるなら、五つ星どころか、百万星《ミリオン・スター》ホテルで眠ることにしよう。でも、どんなことがあっても、私は人を信じている。だから大丈夫。さあ、友よ、私の門出を祝福して、抱擁《ハグ》してほしい」

パキスタンとの国境にある検問所を出たとたん、驚いたことに、私と同行の友人メノンは、グラム・ヤシンと名乗る青年に呼び止められました。私たちがパキスタンを平和のために歩いている二人のインド人かと、彼はたずねるのです。

「はい、その通りですが」、と私は答えました。

「でも、どうして私たちのことを、そして私たちが平和のために歩いていることを知ったのですか？　パキスタンには知り合いもいないし、手紙も出していない。それなのに、あなたはここにいる」

「あなたたちの話は先に旅立って、もうここに着いているんですよ。あなたたちの話を聞いたとき、私も平和のために、ぜひあなたたちをもてなしたいと思いました。だからこうしてあなたたちを出迎え、歓迎するために来たんです。ようこそ、パキスタンへ」

私たちはパキスタンに足を踏み入れたばかり。でもすでに、真の寛容というものを体験していました。こうして、見ず知らずの人に歓迎されているのです。グラム・ヤシンはこう申し出てくれました。彼の家は十六マイル（およそ二十五キロメートル）離れたラホールにあって、私たちをそこまで車で送ってくれる。そして好きなだけ、客人として滞在してほしい。私たちは彼にお礼を述べてから、こう言いました。この炎天下を彼の家まで歩いていく、だからそこで会いましょう、と。彼は私たちを説得しようとしましたが、私たちは、全行程を歩くことを自分たち自身に誓っているのだと説明しました。その日の夜、指定された待ち合わせ場所で会うことを私たちは約束し、ついに彼は承諾してくれました。

ラホールに向かう道すがら、私はメノンに言いました。

「インド人としてここに来ればパキスタン人に会い、ヒンドゥー教徒として来ればイスラム教徒に会う。この私たちの巡礼の旅では、宇宙が私たちの国であり、地球が私たちの家であり、人類が私たちの宗教なんだね」

約束通り、グラム・ヤシンは美しい「シャリマー・ガーデン」の門で私たちを出迎えてくれました。荘厳な「金曜モスク」の背後へと、火の玉のような夕陽が沈んでいくところです。空気はジャスミンの花の香りで満たされています。この自然の寛大さは、まさに、私たちの新しい友人たちが示してくれた、心の広さにふさわしいものでした。

私たち二人がラホールへと向かって歩いているあいだ、グラム・ヤシンは友人たちを招待するのに忙しかったようです。そして彼は、平和のために世界を歩いて回ろうと旅立った、理想主義的なインド人二人が到着したことを、みんなに話していたのでしょう。友人や家族が大勢、彼の家に集まりました。ヤシン一家は菜食ではありませんでしたが、すばらしいベジタリアン料理をふるまってくれました。干しブドウ、アーモンド、カルダモンが入ったサフラン・ライス、タンドール窯で焼いたナン、タマネギとニンニクで煮たエンドウ豆とジャガイモ。タマネギ、ニンニク、トマトソースで煮たジャガイモといったごちそうが並びました。その夜、私はテーブルとその周囲に連なる笑顔を眺めながら、感動と共に思ったものです。インドを出て最初の日の夜、敵国と呼ばれる土地で、私たちが受けているこの手厚いもてなしの、なんというすばらしさだろう。

それから二十八カ月に及ぶ旅のあいだ、私たちはアフガニスタンのヒンドゥークシュ山脈の標高三千三百メートルにある山小屋で、イランの砂漠のオアシスに囲まれた小さな村にある泥づくりの小屋で、アルメニアとジョージアの雪に覆われた田舎にあるいくつかの小屋で、ロシアの暖かい農家で、モスクワの高層アパートで、そしてヨーロッパの賑やかな都市や郊外で、見知らぬ人たちから最大限の親切を受けました。ベルリンであれ、ボンであれ、パリであれ、ロンドンであれ、ニューヨークであれ、ワシントンD・C・であれ、東西冷戦のまっただ中を歩いていたにも関わらず、どの場所でも私たちを支え、助けてくれたのは、人間が生まれもった寛容の心でした。私たちは個人宅、ユースホステル、病院、警察署、教会、学生寮などでお世話になりました。

どこへ行っても私たちは、二度と会うことのない人たちから手厚いもてなしを受け、その人たちは何の見返りも期待していませんでした。このような無私の施しは、私たちの旅では例外どころか、むしろ規則のようでした。信頼が信頼を生んだのです。そう、愛は愛を生むのです。

生まれるとき、私たちは裸で、まったく無防備な状態です。それでも、慈悲深い宇宙は寛大にも、私たちの母親の胸に乳を与え、赤ん坊を守り育てる意志を授けます。母親は、私たちを九カ月間その胎内で育み、私たちをこの世に誕生させるために、陣痛の大いなる痛みに耐える。母親は、生まれて間もない私たちに、母乳を与えてくれる。寛容の心を表現する、これほどよい模範がまたとあるでしょうか。すべては愛のため。すべての母親が英雄《ヒーロー》なのです。

私にとって、母性は寛容と同義です。それは無私の寛大さの生きたお手本。母親は無条件の愛の体現者。私たちは母親たちに感謝の気持ちを表し、その寛大な精神を敬い、讃えなければなりません。

寛容は、人間だけの資質ではありません。私は毎日、自然の寛大さを目の当たりにして驚いています。私は三十年前に、リンゴの苗を植えました。小さな苗木は美しい木となり、この二十五年間、毎年何百個ものリンゴを与えてくれました。木は見返りを求めません。私は木から無条件の愛と寛容を学んできたのです。

何千種類もの品種、色、香り、形からなる果物、花、穀物、ハーブ、野菜は日々、私たちの食べものとなって、その栄養を与えてくれます。それらを育むのは、謙虚にして、気前のよい土。ああ、それなのに、あまりにも多くの人間が無知ゆえに、あるいは傲慢さゆえに、自然の恵みを当たり前のことと考えているとは！　自然の寛大さという真実に気づきましょう。そして感謝の気持ちを表わすのです。

木にありがとう。土にありがとう。雨にありがとう。太陽にありがとう。母なる大自然に感謝、ありがとう。女神ガイアにありがとう。

「おたがいさま」と「おかげさま」という互恵の心は、寛容という名の家の礎石です。見知らぬ人たちから、祖先から、そして自然から、多くのものを受けとってきた私は、これからの世代にも寛大でありたいし、よい物事を残したいと思う。木を植え、庭の土をつくり、パーマカルチャーやアグロエコロジーのような、自然再生につながる実践に取り組みたい。そうすることで、私は自然の愛に報いたいと思うのです。

この地球上の生きとし生けるものすべてが、人間も人間以外も、平和のうちに充実したよい生を生き、自らの可能性を実現することができますように。私たちの心に寛大な心が培われ、それが人類全体と、地球全体のためとなりますように。

パブロ・ピカソが言ったように、「人生の目的は、すべてを与えること」なのですから。

29

# 愛するための10の作法

Ten Ways to Love

さえぎることなく話を聴く
なりふり構うことなく分かち合う
責めることなく話す
不平を言うことなく楽しむ
惜しむことなく与える
揺らぐことなく信頼する
絶えることなく祈る
罰することなく赦す
言い争うことなく答える
忘れることなく約束を守る

――作者不明

訳者あとがき

# 愛の人、サティイシュ・クマール

サティシュが〝愛の人〟だということは、彼の姿を一目見ただけでわかる。鈍感なぼくでさえ、二十五年前、彼との初対面でその笑顔の中の二つの大きな目の輝きに出会ったとき、自分の内の何かが動くのを感じたものだ。以来、それまでぼくの語彙の中になかった愛という言葉は次第にぼくの内に着地し、根を張るようになった。

ぼくが初めてサティシュに会った同じ日、サティシュは若者たちを前に質問に答えていた。最前列にいた大学生風の若い女性二人がこう聞いた。

「あなたが若いときにやったように、私たちも平和のメッセージをもってお金をもたずに世界を歩きたい。でもあなたと違って女性である私たちに、それはできるでしょうか」

サティシュはしばし沈黙した。会場は静まりかえっていた。やがてサティシュは（たぶん、いつものように小さな咳払いをしてから）、優しい声で、しかしキッパリと言った。

「できるとも。君たちにはきっとできる」

二人の若者たちはうれしさのあまり、弾けるように笑ってから決然と言った。

「私たちは行きます。ありがとう、サティシュ」

それだけだった。三人のあいだにあっという間に成立した深い信頼の絆を目の当たりにして、ぼくは（そして、たぶんその場の多くの人も）唖然としていた。

あれから二十五年、サティシュは、その全身からほとばしるような愛の〝哲学〟によって、ぼくを魅了し、心地よく揺さぶり続けてきた。人生に刻まれたその軌跡を辿るようにして、ぼくは本書を訳してきた。

ちょうど一年前、ぼくはイギリス西部の小さな村に住むサティシュと、その伴侶ジューンを訪ねていた。膝の大手術を経て、また歩き始めばかりのサティシュはもう、料理や食器洗いを以前と同様にこなしていた。主にジューンが手がけている菜園には野菜が溢れ、十五本のリンゴの木はたわわに実っていた。この場所にいれば、「ジューンに出会って以来、私は毎日恋に落ちている」というサティシュの言葉に何の誇張もないことがわかる。そこでは、恋も愛も、単に二人の個人的な関係性を指す言葉ではない。

「恋に落ちるのは一日だけの特別な出来事ではありません。恋は日常の出来事です。時々愛するのではない。いつも愛しているのです。休みなく、ずっと。目覚めた瞬間、私たちはお互い同士を、そして人生そのものを、愛の中に見出します。」（1章1節、37頁）

父の死をきっかけに、死からの自由を求めてジャイナ教の修行僧となったサティシュは、十八歳のとき、僧団から逃げ出して還俗する。葛藤の中で死を望むようにさえなっていた彼は、ある夜、夢に現れたマハトマ・ガンディーがこう言うのを聞く。

「解脱を見出すために、世界を見捨てる必要はないんだよ」

翌朝、困惑した心を鎮めようと歩き回ったサティシュは、やがて自分の内奥《ないおう》から湧き起こる声を聞く。

「世界を受けいれたい、そして世界を愛したい。植物を植え、花を咲かせたい。人がつくった食べものを乞うかわりに、自分で育て、料理したい。この腕で美しい女性を抱きしめ、その唇にこの唇で触れたい……」（『エレガント・シンプリシティ』第1章）

その瞬間、彼は生そのものに恋してしまったのだ。生を、そして世界を愛することが彼の人生の使命となる。それ以後の彼の七十年は愛の軌跡だ。新しい師、ビノーバ・バーベのもとで「土地寄進《ランド・ギフト》」運動に取り組んだのも、平和巡礼で二年半世界を歩いたのも、E・F・シューマッハーの求めに応じて『リサージェンス』誌の編集を引き受けたのも、イギリスに定住を決意しジューンと家庭を築いたのも、村の子どもたちのための中学校「スモール・スクール」をつくったのも、ホリスティック科学による科学と愛の融合を目指す大学院大学「シューマッハー・カレッジ」を創設したのも……。

あるとき、シューマッハー・カレッジのあるダーティントンの広大な庭を案内してくれていたサティシュが、一本の巨木の下に連れていってくれた。その広い幹に手を広げ、体を預けてから、ぼくの方に向き直った彼は、自分の恋人を紹介するかのように、ちょっと照れて、でも誇らしそうに、言った。「これは二千歳のイチイの木、私のキリストだよ」と。

さて、愛という言葉で、あなたは何をイメージし、どんなことを連想するだろう。それがどんなものであれ、本書は、おそらく、そのイメージを、連想を、揺さぶるだろう。あなたがその揺さぶりにたじろぐことなく、むしろ心地よさを覚えてくれたらうれしいのだが。

たしかに、愛は愛でも、サティシュのいう愛は決して、イージーで、生やさしく、甘ったるいものではない。「愛のモンスーン」という彼の表現にあるように、それはときに強烈で、激しい。そう、表題になっている「ラディカル」とはそういうことなのだ。

思えば、「ラディカル」というのは不遇な言葉だ。政治の世界で「ラディカル」といえば過激、急進的などを意味することが多い。日本語で「ラジカル」というときも、かつては極左の学生運動や暴力的な方法による革命運動を指す形容詞として使われたし、今でも、極端で、性急で、激しくて、普通の人にはついていけない、というイメージが強いだろう。

だが、もともと「ラディカル」の「ラディ」は、「ラディッシュ」の「ラディ」と同様、「根っこ」を意味するラテン語に由来する。だから、「ラディカル」は、物事をその源に立ちかえって考えてみる、という態度を表し、それは日本語で「根源的」や「根本的」という言葉にあたる。これらの言葉が「根」という言葉を含んでいるのは偶然ではない。例えば、どういう政治がいいのか、どういう経済がいいのか、これからの社会はどうあるべきかなどと考えるときに、表面的な観察や手直しにとどまらず、一度、社会が成り立っている基盤へと降り立って、いわば、その根っこから見直すという「ラディカル」な態度が必要になるときがあるはずだ。

では、なぜサティシュは、愛は愛でも、「ラディカルな愛」と言わなければならなかったのだろう。それは、本来の意味での愛が、現代世界に生きるますます多くの人々にとって困難になってきているからではないだろうか。では、愛が困難になるとは、どんな状況なのだろう。いくつか挙げてみよう。

愛が周囲から切り離されて、ますます個人的なものになり、その小さな私的世界の外に生起する社会的な事柄や、自然界のありようから切り離され、孤立する状況。

愛と、人々にとってかけがえのない他の価値——民主主義、自由、公正など——とが、別のこととして、異なる次元でしか語れない状況。

経済的な価値が日常生活へと浸透することによって、お金からは自由だったはずの愛の聖域が蝕まれ、どんどん市場へと引き出されている状況。

ハートマークがＳＮＳやポップ・ソングから溢れ出て、社会にＬＯＶＥの洪水を引き起こしている一方で、ますます多くの人々が、自分とは無縁のものとして愛を諦め、孤独感と孤立感に苦しんでいる状況。

故郷であるはずの自然と地域から人間が切り離され、自然は単なる資源となり、地域は都市のための資源供給地へと落ちぶれてしまった状況。

そうした愛をめぐる危機の意味を根本的に理解しようとすれば、ぼくたちはそれが気候変動、生物多様性の喪失、経済格差の拡大、民主主義の劣化といった一連の危機と根っこのところでつながっていることに気づかずにはいられない。


サティシュの愛は限りなく優しい。しかし、それは同時に激しくラディカルだ。愛とは見て見ぬふりをすることではない。対立を恐れて曖昧にことをおさめようとすることではない。ロマンチックな恋愛や性愛について楽しげに語るサティシュは、その一方で、戦争にNO、環境破壊にNO、原発にNO、と、キッパリと言い続けてきた。ときには検挙されることをも厭わず行動する。そしてそれこそが愛だ、と彼は信じている。

人間をこよなく愛するサティシュの愛は、同時に、人間中心の偏狭な世界を超越している。人権にとどまらず、動植物の権利も、川や森や海など、自然の権利も侵害されてはならない、と彼は主張する。

「人間も自然です。空を飛ぶ鳥と同じように、私たちの誰もが自然なのです。私たちはみな、土、空気、火、水でできている。だから、自然を愛するとは、生きもののばかりでは

なく、万物を愛することなのです」（日本語版への序章、18頁）
引力と愛とは、同じ現実の二つの側面だと、サティシュは言い切る。
「引力は物の世界を支え、愛は物の世界に意味を与える。結局のところ、愛なしには、何もあり得ないのです」（はじめに、10頁）

去年の秋、ぼくがサティシュとジューンの家に滞在していたとき、一冊の本が書斎のソファの横にずっと置かれていた。まるで、手にとって開くよう、誘いかけているかのように。『スウィートグラスを編む　先住民の智恵・科学的知識・植物の教え』（日本語版『植物と叡智の守り人』築地書館）。会話の中で度々その本に触れるところを見ても、今の二人にとってこれが大切な本であることは明らかだった。著者はアメリカ先住民の女性植物学者ロビン・ウォール・キマラー。「世界への愛の賛美歌」。それは表紙に載っている、ある推薦者による絶賛の言葉だ。

この本にインスピレーションを受けた人々による新しいムーブメントが世界各地で始まっている。キーワードは「キン・セントリック」。ある本に寄せた序文の中で、キマラーは、いのちを与えてくれる地球が苦しんでいることに人々がなぜこうも無関心でいられるのか、という問いをたてて、その根本的な理由として人間中心《アントロポ・セントリック》の世界観だと答える。そして今、それに代わるものとして「求められているのは、つながり中心《キン・セントリック》の世界観への転換だ」、と。

キマラーの美しい文章が伝えてくれるのは、個の壁を超え、人間という壁をさえ超えるつながりから世界をとらえる新しい物語（科学的世界観）と、古い物語（生きとし生けるものを親族《キン》としてとらえる先住民の古代的世界観）との融合だ。そしてその言葉はサティシュが「リサージェンス」誌やシューマッハー・カレッジを通じて発信し続けてきたホリスティック科学の思想と共鳴している。そこでは、神聖さと科学が、スピリチュアリティと科学が、愛と理性が、見事に調和する。サティシュは言う。

「私たちにとって、革命とは愛の革命です。愛は論理的、でも同時に魔術的。愛を体現する地球は私たちの先生。その先生から私たちは、愛のアートを学びます。私たちへの地球の愛は完璧。だから、私たちもそれに応えて、もっと地球を愛せるようになりましょう」（3章21節、185頁）

本書を訳し終わった今、ぼくは、今までに経験したことのない、一種不思議な爽快感に浸っている。愛について論じるこの本を訳すことに当初感じた戸惑いのようなものはとうに吹き飛んでいる。気候危機が人類の未来を危うくしているこの時代に、民主主義が崩れ落ちる予感に満ちたこの時代に、ウクライナで、パレスチナで憎しみが沸騰している今、「愛」とはまたあまりにも楽観的な〝答え〟なのではないか……、といった疑いもすっかり晴れた。そもそも明治以降に訳語として日本語に移入され、日常語としていまだに馴染んでいない「愛」という言葉に、日本人読者は本書の最後まで、辛抱強く付き合ってくれるのだろうか、という不安も今はもう解消した。半世紀も前とはいえ、暴力的な反戦活動家という過去をもつぼくに、「愛と非暴力と非戦とは同義だ」というサティシュのメッセージを、あのシンプルで明るい声の響きと共に伝えることができるだろうかという心配もいつの間にか消えている。

それもそのはず。ぼくには、「できるとも。君にはきっとできる」というあのサティシュの魔法のような声と微笑みがついている。サティシュを非現実的な理想主義者と批判する人もいるだろう。サティシュはそれにほがらかに応える。理想主義者と呼ばれてもかまわない、と。そしてこう続ける。

「現実主義者はあまりにも長いあいだ、世界を支配し、混乱させてきました。今こそ、私たち理想主義者にチャンスを与えるべきです」（3章21節、189頁）

「すべてのよき思考、言葉、行動を愛の糸が貫いている」という、サティシュの師、ビノーバ・バーベの言葉（4頁）を、そして「地球のために、そこに住む人々のために、私たちがすることは、みな愛の行為なのです」（3章21節、189頁）というサティシュの言葉を、今のぼくは信じることができる。

この世界に悲しみは尽きない。世の中は、絶望へとぼくたちを誘う出来事に満ちている。問いは限りなく湧き起こる。しかし、だ。サティシュが言うように、問いが何であるかに関わりなく、答えは「愛」なのだ。
モンスーンの雨のように降り注ぐサティシュの愛の言葉を浴びるのを楽しんでいただきたい。そうすればきっと、再び、あなたの内なる愛と世界の愛が共鳴し始め、そこにこれまで知らなかったラディカルな自分が立ち現れるだろう。そのために、本書がお役に立てるのならこんなにうれしいことはない。

二〇二四年秋　下関、ゆっくり小学校農場にて

辻　信一

付記：翻訳にあたり、著者の了承を得て、原書を一部再編集させていただいた。

# 謝辞　愛があるから大丈夫！

本書の編集の最中、僕は、ヨルダン川西岸に暮らすパレスチナの友人たちのことを想っていた。彼らの無事を祈りながら……。友人の一人、パレスチナのガンディーと呼ばれる非暴力活動家サミ・アワッドさんは、来日した際、次のように話してくれた。「あらゆる自己決定は過去の経験に基づいて下される。だから平和を実現するには、過去に負ったトラウマを癒さなければならない。そして、恐れを愛に変換し、平和な未来のビジョンを心に描き続けるしかないのだ」と。彼の夢は、国という垣根を超えて、愛で深く繋がり合う世界を築くことだ。もう一人の友人、アグロエコロジストのサアド・ダゲールさんは、同じく来日中にこう言った。「人々が大地との平和を取り戻せなければ、平和な社会をつくることはできない。すべての平和は自然界の平和から始まる」と。砂漠のような荒野で自然農法を実践し、青き大地を再生し続ける彼の夢は、かつての肥沃な三日月地帯を復活させること。彼らの想いと行動こそ、サティシュさんの言う、ラディカル・ラブそのものだ。

彼らの夢は実現するだろうか？　世界は平和を実現できるのか？　誰しもが平和を願いながら、それをあたかも理想主義者の絵空事だと思ってはいないだろうか。ひた向きに、夢の実現へと歩をすすめる彼らに、サティシュさんなら言うだろう。「できるとも！」と。

サティシュさんによれば、この世界は、すべての生命や事物がもつ想像力からつくられている、という。だとすれば、僕たちが本当に平和を望むなら、それを想像し続ける以上に、大切なことはないのではないか。

一見、実現不可能な夢を、次々と現実化させてきたサティシュさんと同様に、僕たちにも無限の可能性と、愛の力が与えられている。だから僕たちも、幸せな地球の未来を想像しながら、愛の道を軽やかに、一歩一歩、歩んでいこう。

本書の制作の過程でも、たくさんの愛をいただいた。ちょうど一年前の今頃、イギリスのサティシュさん宅を訪ねた。渡英早々風邪を患った僕を、サティシュさんとジューンさんは、無条件に、あたたかく迎え入れてくださった。庭に実るリンゴたち（本書一頁）と共に！　ありがとうございます。この旅で、手厚いサポートをしてくれた、「ワールドピースゲーム」のファシリテーター、ダニエル・シャインワルドさんにも感謝！

表紙にすばらしい絵を描いてくれたアーティストの長井朋子さん、ありがとう！　小山登美夫ギャラリーのみなさん、邦訳書の制作にご尽力いただいた日本ユニ・エージェンシーのみなさん、改めて、僕を愛の道に導いてくださったサティシュさん、辻さん、そして、紙やインク、エネルギーを提供してくれた、樹木や自然界にも感謝を申し上げる。

二〇二四年九月　一粒万倍日の日に　上野宗則

## 脚注

**ビノーバ・バーベ**（一八九五―一九八二）インドの思想家。社会運動家。マハトマ・ガンディーの後継者として、非暴力・不服従運動を指導。大土地所有者が自主的に貧困層へ土地の贈与を行う、土地寄進運動を推し進めた。

**ジャラール・ウッディーン・ルーミー**（一二〇七―一二七三）詩人。イスラム・スーフィー教の説教師、神学者。ペルシア文学史上、最も偉大な詩人と言われる。

**アミット・レイ**（一九六〇―）インドの作家。瞑想、ヨガなどのスピリチュアル・マスターとして知られる。

**マハトマ・ガンディー**（一八六九―一九四八）インド独立の父として知られる非暴力運動の指導者。サティヤーグラハ（真理の把持）の思想を掲げ、「非暴力・不服従」運動を展開した。

**ウィリアム・ブレイク**（一七五七―一八二七）イギリスの詩人、画家、版画家。

**ウィスタン・ヒュー・オーデン**（一九〇七―一九七三）イギリスの詩人。二十世紀最大の詩人の一人と評される。

**アルド・レオポルド**（一八八七―一九四八）アメリカの著述家、生態学者、森林管理官、環境倫理学者。著書に『野生のうたが聞こえる』（講談社学術文庫）がある。

**エドワード・モーガン・フォースター**（一八七九―一九七〇）イギリスの小説家。代表作は『眺めのいい部屋』、『インドへの道』。

**トマス・ベリー**（一九一四―二〇〇九）カトリック司祭、文化史家、世界の宗教・アジアの研究者、地質学者。

**マーティン・ルーサー・キング牧師**（一九二九―一九六八）アメリカの非暴力黒人解放運動、公民権運動の指導者。プロテスタントバプテスト派の牧師。一九六三年の演説「I Have a Dream」は共感を呼び、翌年、公民権法が制定。同年ノーベル平和賞を受賞。

**アルネ・ネス**（一九一二―二〇〇九）ノルウェーの哲学者。ディープエコロジーの提唱者。

**アッシジの聖フランチェスコ**（一一八二年―一二二六）カトリック修道士。フランチェスコ会創設者。イタリアの守護聖人。自然を愛し、清貧を求めた、聖人として知られる。

**ウェンデル・ベリー**（一九三四―）アメリカの小説家、詩人、環境活動家、農家。邦訳書に『ウェンデル・ベリーの環境思想：農的生活のすすめ』（昭和堂）などがある。

**ヴァンダナ・シヴァ**（一九五二―）インドの環境活動家、科学哲学博士。「エコフェミニズム」、「アース・デモクラシー（大地の民主主義）」という思想を背景に、有機農業や種子の保存を提唱。グローバリゼーションや遺伝子組み換え技術の問題点を洗い出す。

**アラン・アレクサンダー・ミルン**（一八八二―一九五六）イギリスの児童文学作家、詩人、劇作家。「クマのプーさん」の作者。

**ジャワハルラール・ネルー**（一八八九―一九六四）インドの初代首相。マハトマ・ガンディーと共に独立運動を主導、一九四七年に独立を果たした。

**マヤ・アンジェロウ**（一九二八－二〇一四）アメリカの回想録作家、詩人、歌手、公民権活動家。キング牧師の黒人公民権運動に参加。

**バーバラ・メアリー・ウォード**（一九一四－一九八一）イギリスの経済学者、作家。一九六〇年代に、持続可能な開発を提唱。

**ハリール・ジブラーン**（一八八三－一九三一）レバノン出身のアメリカの作家、詩人、アーティスト。英語読みから、カリール・ジブランとも呼ばれる。史上最も売れた本の一つ『預言者』（至光社）の著者として知られる。

**エルンスト・フリードリヒ・シューマッハー**（一九一一－一九七七）ドイツ出身のイギリスの経済学者。一九七三年に出版された『スモール・イズ・ビューティフル』（講談社学術文庫）では、仏教経済学を説き、エネルギー危機を予測。世界的なベストセラーに。

**ヴァーツラフ・ハヴェル**（一九三六－二〇一一）チェコの劇作家。チェコスロバキア大統領（一九八九－一九九二）、チェコ共和国初代大統領（一九九三－二〇〇三）。

**クラリッサ・ピンコラ・エステス**（一九四三－）アメリカの詩人、作家、ユング派精神分析家。著書『狼と駈ける女たち：野性の女元型の神話と物語』（新潮社）で知られる。

**ジェイン・ジェイコブズ**（一九一六－二〇〇六）アメリカの都市研究家、作家。『アメリカ大都市の死と生』（新版・鹿島出版会）では、都市計画への批判と新しい都市論を展開し、反響を呼んだ。

**マーガレット・ミード**（一九〇一－一九七八）アメリカの文化人類学者、作家。二十世紀アメリカを代表する文化人類学者の一人。

**ヘイゼル・ヘンダーソン**（一九三三－二〇二二）イギリス出身のアメリカの未来学者、著述家、環境活動家。

**ソフォクレス**（紀元前四九七・六頃－四〇六・五頃）古代ギリシアの三大悲劇作者の一人。代表作は『オイディプス王』。ソポクレスとも。

**エドワード・エスリン・カミングス**（一八九四－一九六二）アメリカの詩人、画家、エッセイスト、作家、劇作家。

**ティク・ナット・ハン**（一九二六－二〇二二）ベトナムの禅僧、平和運動家、詩人。エンゲージド・ブディズム（社会参画する仏教）、マインドフルネスを提唱。南フランスに「プラムヴィレッジ・瞑想センター」を設立。邦訳書に『仏の教えビーイング・ピース：ほほえみが人を生かす』（中公文庫）など多数。

**E・P・メノン**（一九三四－）インドの作家、平和活動家。ビノーバ・バーベの土地寄進運動に参加した後、一九六二年、友人のサティシュ・クマールと共に、無一文徒歩の平和巡礼を踏破。国内外の平和活動に携わる。

**ジョン・ミューア**（一八三八－一九一四）スコットランド出身のアメリカの作家、環境哲学者、植物学者、原生地域保護の提唱者。「国立公園の父」とも呼ばれる。

**イアン・マッギルクリスト**（一九五三－）イギリスの精神科医、神経科学者、文学者、哲学者。

**シドニー・J・ハリス**（一九一七－一九八六）イギリス出身のアメリカのジャーナリスト。シカゴ・デイリー・ニュース紙などの名コラムニストとして知られる。

## サティシュ・クマール　Satish Kumar

現代を代表するエコロジー思想家、非暴力平和運動家。『リサージェンス&エコロジカル』誌名誉編集長。「スモール・スクール」、「シューマッハー・カレッジ」の創設者。

一九三六年、インド西部ラジャスタン州の村で、ジャイナ教信徒の両親の下に生まれた。父の死を契機に、死がもたらす悲しみを超える道を模索し始め九歳で出家。ジャイナ教の修行僧となる。十八歳のとき、マハトマ・ガンディーの社会的非暴力思想に魂を揺さぶられ還俗。ガンディーの非暴力・不服従運動の第一指導者ビノーバ・バーベの下で社会変革運動に加わる。一九五七年から一九六二年まで、大土地所有者から貧困層へ土地の贈与を呼びかける土地寄進（ブーダーン）運動に参加。このとき「ソイル（土）・ソウル（魂）・ソサエティ（社会）」の三位一体の思想の土台を築く。

一九六一年、イギリスの哲学者バートランド・ラッセルが、イギリスの核政策に対する抗議行動を起こし、当時八十九歳で逮捕されたというニュースに触発され、翌一九六二年、友人のE・P・メノンと共に、ニューデリーから、当時四つの核保有国の首都―モスクワ、パリ、ロンドン、ワシントンD・C・―へ平和のメッセージを伝えるため、無一文、徒歩で、平和巡礼の旅に出た。二年半かけて、およそ一万三千キロの道を踏破、四カ国の首脳に〝平和のお茶〟を届けた。

一九七三年、経済学者E・F・シューマッハーの呼びかけに応じイギリスに移住。環境、経済、科学、スピリチュアリティを統合したホリスティック思想の提言誌『リサージェンス』の編集長を、八十歳になるまで四十三年間務めた。一九八二年、イギリス・ハートランドに、「スモール・スクール」という中学校を創設、自然からの学び、日常生活の重視などを特徴とする、先駆的なカリキュラムで注目を集めた。一九九〇年には、イギリス・トットネスに「シューマッハー・カレッジ」を開校。パラダイムの転換を模索する人々が世界中から集い、学び合う場となっている。五十歳のとき、イギリスの聖地を辿る、およそ三千二百キロの平和巡礼を、再び無一文・徒歩で、四カ月かけて行った。ランカスター大学、エクセター大学、プリマス大学などから名誉博士号を授与され、ガンディー思想を広めた功績により、ジャムナル・バジャージ国際賞を受賞した。優しくあたたかいまなざしと、力強いメッセージは、世界中の人々を魅了し、励ましを与え続けている。邦訳書に『君あり、故に我あり』（講談社学術文庫）、『サティシュ・クマールのゆっくり問答with辻信一』、『怖れるなかれ（フィアノット）愛と共感の大地へ（ビノーバ・バーベとの共著）』、DVDブック『サティシュの学校 みんな、特別なアーティスト』（以上SOKEIパブリッシング）、『エレガント・シンプリシティ：「簡素」に美しく生きる』（NHK出版）などがある。

**サティシュ・クマール**　Satish Kumar

エコロジー思想家、非暴力平和運動家。『リサージェンス&エコロジカル』誌名誉編集長。「スモール・スクール」、「シューマッハー・カレッジ」の創設者。詳しくは271頁参照。

**辻信一**　Keibo Oiwa

文化人類学者、環境=文化NGO「ナマケモノ倶楽部」代表、明治学院大学名誉教授、「ゆっくり小学校」"校長"。一九五二年生まれ。一九八八年、米国コーネル大学で文化人類学博士号を取得。一九九二年-二〇二〇年、明治学院大学国際学部教員を務める。アクティビストとして、「スローライフ」、「ハチドリのひとしずく」、「キャンドルナイト」、「しあわせの経済」などのムーブメントを展開した。著書に『スロー・イズ・ビューティフル』(平凡社)、『ナマケモノ教授のぶらぶら人類学』、『ゆっくり小学校 学びをほどき、編みなおす』、『常世の舟を漕ぎて 熟成版』(以上SOKEIパブリッシング)、『ナマケモノ教授のムダのてつがく』(さくら舎)、最新刊『サティシュ先生の夢みる大学』(ゆっくり堂)などがある。趣味は歩くこと、俳句、ヨガ、瞑想。落語家として、ぼちぼち亭ぬうりん坊を名のる。

ラディカル・ラブ

二〇二四年十一月二十九日　第一刷発行

著者　サティシュ・クマール
翻訳　辻信一
編集・デザイン　辻信一　上野宗則
上野優香　福田久美子
発行者　上野宗則
発行所　株式会社素敬
SOKEIパブリッシング
山口県下関市椋野町二ー一一ー二〇
http://www.yukkuri-web.com
info@yukkuri-web.com
電話　〇八三ー二三二ー一二二六
FAX　〇八三ー二三二ー一三九三
印刷・製本　瞬報社写真印刷株式会社


ISBN978-4-9910816-4-4